Fahrradführer
für den Kreis Fulda

# Fahrradführer für den Kreis Fulda

Verlag Parzeller
in Zusammenarbeit mit der
Kreissparkasse Fulda

Wir bedanken uns bei dem Fremdenverkehrsverband Rhön e.V., Fulda, der Firma „Mineralbrunnen Rhönsprudel, E. Schindel" sowie bei den Radsportvereinen von Bimbach, Dipperz, Fulda und Petersberg für die Erarbeitung der hier vorliegenden Radtouren.

ISBN 3 7900 0265 8

2. Auflage 1996
Die Kartenausschnitte wurden mit Genehmigung des Hessischen Landesvermessungsamtes abgedruckt.
Titelbild und Bilder im Inhalt von Erich Gutberlet, Großenlüder;
Seite 12 und 55 von Erich Plappert, Künzell;
Seite 46 und 86 von Hartmut Zimmermann, Künzell;
Seite 31 von Siegfried Seng, Petersberg
Gesamtherstellung: Druckerei Parzeller, Fulda

# Vorwort

Fahrradfahren ist „in" – ob als Freizeitvergnügen, als sinnvolle Möglichkeit zur Steigerung der körperlichen Fitneß, oder auch als umweltfreundliches Fortbewegungsmittel in unseren, für das Auto immer unzugänglicheren Städten! Wer Fahrrad fährt, der liegt im Trend.

Diese Tatsache wird nicht zuletzt durch die enorm gestiegenen Teilnehmerzahlen an den unterschiedlichsten Fahrradveranstaltungen, wie z. B. dem beliebten Rhön-Special-Cup, belegt, die eine magnetische Anziehungskraft auf den Freizeitsportler ausüben und die im besonderen Maße Familien zum gemeinsamen Fahrradfahren anspornen.

Das Radeln fördert den Familiensinn, soziale Kontakte und es erleichtert zudem die berufliche Streßbewältigung durch eine aktive Freizeitgestaltung. Der vorliegende Fahrradführer wurde vom Verlag Parzeller in Zusammenarbeit mit der Kreissparkasse Fulda aufgelegt. Er soll noch mehr Hobbyradler dazu motivieren, nach der Arbeit oder am Wochenende in die Pedale zu treten, um den reizvollen Fuldaer Landkreis einmal von einer ganz anderen Seite, mit weniger Lärm und Auspuffgasen, kennenzulernen.

Dabei wollen wir vor allem den vielen Freizeitsportlern, aber auch unseren Gästen in der Rhön, die in unserem schönen Landkreis ihren Urlaub verbringen, Hilfestellungen anbieten, immer wieder neue Alternativen bei der Auswahl der Touren und Radwege zu finden.

Für jede größere Gemeinde im Landkreis Fulda werden unter anderem Möglichkeiten aufgezeigt, wie direkt vor Ort, ohne *größere Schwierigkeiten, spontane Fahrradtouren „ins Blaue" organisiert werden können. Daß dabei der gesellige Teil nicht zu kurz kommt, dafür garantieren sicherlich die zahlreichen Einkehrmöglichkeiten am Wegesrand. Mit seinen „Tips rund ums Fahrrad" und den Verkehrssicherheitsregeln trägt dieser umfangreiche Ideenratgeber hoffentlich auch zu einer Steigerung der Toleranz zwischen Auto- und Radfahrern bei.*

*Wir hoffen, daß dieser Fahrradführer Ihnen eine Menge von Anreizen bei der Erkundung neuer Rundstrecken für das Fahrrad liefert. Dabei wünschen wir Ihnen schon jetzt viel Ausdauer, Spaß und Freude.*

*Kreissparkasse Fulda*
*Der Vorstand*

# *Einleitung*

*In der Rangfolge der Freizeitbeschäftigungen ist Radeln weit nach oben gerückt, weil es Spaß macht, das Gefühl von Unabhängigkeit und Ungebundenheit vermittelt und weil es der Gesundheit dient. Wer das Auto stehenläßt und dafür sich und sein Fahrrad bewegt, leistet einen Beitrag zur Schonung der Natur und gewinnt die Chance, sich diese und seine Heimat auf neue Weise abseits der gewohnten Wege zu erschließen. Er wird, wenn er offenen Sinnes losradelt, vielfach bereichert zurückkehren.*

*Dieser Fahrradführer richtet sich an alle Hobby-, Freizeit- und Sportradler und solche, die es werden wollen. Fast allen Radtouren dieses Buches ist eine Kartenskizze beigestellt, aus der man den Streckenverlauf erkennen kann. Hinweise auf genaues Kartenmaterial finden sich im Informationsteil. Selbstverständlich kann jede vorgeschlagene Tour auch an jedem beliebigen Punkt der Route begonnen werden.*

*Wir bedanken uns bei allen, die mitgeholfen haben, daß dieses Buch entstehen konnte und wünschen allen Nutzern viel Freude und neue Anregungen für eine aktive Freizeitgestaltung.*

*Verlag Parzeller*

# Inhaltsverzeichnis


Durch das malerische Ulstertal .......................... 11
Vom Ulstertal zum Habelberg .......................... 14
Zur sagenumwobenen Milseburg .......................... 16
Über den Berg der Flieger .......................... 20
Mit dem Mountainbike zur Hohen Rhön .......................... 22
Zwischen Steinwand und Guckaisee .......................... 25
Vom Gichenbachtal zum „Lausbub der Rhön" .......................... 27
Zur Burgruine Ebersburg .......................... 30
Rund um den Giebelrain .......................... 32
Armenhof – Friesenhausen .......................... 34
Mountainbiketour rund um die Milseburg .......................... 36
Mountainbiketour von Dipperz zum Haunestausee .......................... 38
Rund um Künzell .......................... 40
Von Künzell zum „Monte Kali" .......................... 42
Durch die hessische Rhön .......................... 44
Ins Hünfelder Land .......................... 47
Vom Zwibbelsploatz zur „Alten Brennerei" .......................... 48
Ins Schlitzerland .......................... 50
Petersberg – Kleinsassen .......................... 52
Von Petersberg ins Geisaer Amt .......................... 54
Familientagestour durch die Vorderrhön .......................... 56
Mountainbiketour Enzianhütte .......................... 58
Hofbieber – Eckweisbach .......................... 60
Durch das „Hessische Kegelspiel" .......................... 62
Durch die Vorderrhön .......................... 68
Vom Rasdorfer Berg zum Bächlein Taft .......................... 70
Rund um Eiterfeld .......................... 72

Historisches rund um Burghaun . . . . . . . . . . . . . . . . . . . . . . . . . 74
Vom Haunesee zur Praforst . . . . . . . . . . . . . . . . . . . . . . . . . . . . . 78
Im Tal der Fulda . . . . . . . . . . . . . . . . . . . . . . . . . . . . . . . . . . . . . 80
In die mittelalterliche Burgenstadt Schlitz . . . . . . . . . . . . . . . . 82
Zu den Mühlen im Lüdertal . . . . . . . . . . . . . . . . . . . . . . . . . . . . . 84
Zum Vogelsberger Horst . . . . . . . . . . . . . . . . . . . . . . . . . . . . . . . 88
Durch den Gieseler Forst . . . . . . . . . . . . . . . . . . . . . . . . . . . . . . 90
Ein Ausflug in das Königreich Flieden . . . . . . . . . . . . . . . . . . . . 92
Durch das Kalbachtal . . . . . . . . . . . . . . . . . . . . . . . . . . . . . . . . . . 96
5-Täler-Rundfahrt . . . . . . . . . . . . . . . . . . . . . . . . . . . . . . . . . . . . 98
Mehrtagestour durch die hessische Rhön . . . . . . . . . . . . . . . . 100
Auf Entdeckungsreise durch die Rhön (Mehrtagestour) . . . 103
Informationen für Radfahrer im Kreis Fulda . . . . . . . . . . . . . . 109

# 1. Durch das malerische Ulstertal

**Streckenverlauf:** Wüstensachsen – Hilders – Tann – Simmershausen – Frankenheim – Wüstensachsen
**Sehenswürdigkeiten:** Naturschutzinformationszentrum Ehrenberg, Rhöner Museumsdorf, Rhöner Naturmuseum, Schloß Tann, Stadttheater Tann und Elfapostelhaus, Ruine Auersburg
**Tourenlänge:** ca. 38 km
**Höhenunterschied:** max. 380 m
**Schwierigkeitsgrad:** schwer
**Kartenmaterial:** Top. Freizeitkarte Rhön 1:50000.

Wir beginnen unsere Radwandertour durch das Ulstertal am Verkehrsamt in der Ortsmitte von Wüstensachsen. In Richtung Melperts fahrend, verlassen wir die B 278 vor der Tankstelle links und folgen dem Rad- und Gehweg nach Seiferts. An der Friedhofskapelle vorbei, die 1567 erbaut wurde, gelangen wir auf dem Ulstertalweg über Thaiden und Findlos rechts den Waldweg entlang nach Hilders.
Um Hilders zu besuchen, fahren wir rechts über die Ulsterbrücke (Brückenheiliger St. Nepomuk), überqueren dann die B 278 und gelangen zum Gemeindezentrum mit seinen vielfältigen Freizeitmöglichkeiten (u. a. Hallenbad, Verkehrsamt, Zunftbaum). Verschiedene Gasthöfe rund um den Marktplatz laden zu einer Pause mit Rhöner Spezialitäten ein. Frisch gestärkt führt uns der Weg weiter über die Marienstraße am Rhöner Handwerkerhof vorbei, geradeaus bis zur Reithalle. Vor der Reithalle links talabwärts geht es bis zur B 278. Auf dieser dann rechts ca. 700 m bis zum Klärwerk, dann wieder nach links auf die wenig befahrene Kreisstraße 50, die uns über Neuschwambach und Unterrückersbach nach Esbachsgraben führt.
Ab hier befahren wir den neu gebauten Radweg über Neustädtges und Mollartshof bis nach Tann. Links unseres Weges erhebt

sich mit 718 m Höhe der Habelberg, der Hausberg Tanns. Das Stadttor (Wahrzeichen des Rhönstädtchens), das Museumsdorf mit dem Rhöner Naturmuseum und das Elfapostelhaus machen den Besuch von Tann zu einem der Höhepunkte dieser Fahrradtour. Vom Marktplatz über die „Kleine Marktstraße" und den „Hundsbacher Weg" verlassen wir Tann auf ebener Strecke in Richtung Hundsbach und weiter nach Dippach.
Zwischen Auersberg – die hier befindliche Burgruine lohnt einen Abstecher – und Staufelsberg hindurch erreichen wir auf der Kreisstraße 35 Simmershausen. Wir biegen in der Ortsmitte links in Richtung Ober‰weid ab, passieren auf der Anhöhe die Grenze nach Thüringen. In Oberweid gleich scharf nach rechts über einen Wirtschaftsweg in Richtung Ellenbogen, Eisenacher Haus, dann ein Stück des gleichen Weges zurück und links an der ehemaligen Grenze entlang über Frankenheim (mit 750 m der höchstgelegene Rhönort) und Birx führt unser Weg nach Seiferts. Von der Höhe hat man einen herrlichen Blick auf die höchsten Berge des Rhönpanoramas. In Seiferts überqueren wir die B 278 und folgen dem Ulstertalweg über Melperts zurück zum Ausgangspunkt in Wüstensachsen.

Tann
Friedrichshof
Walkes
Habel
Habelberg
Habelgraben
Wendershausen
Engelsberg
Dadenberg
Klein-fischbach
Hundsbach
Birkenberg
Herdathurm
Diepach
Lahrbach
Lindenborn
Esbachsgraben
Schwarzenborn
Borberg
Bozberg
Neustädtges
Brauertshof
Paradieshof
Unterweid
Weidberg
Kalkofen
Unterrückersbach
Oberrückersbach
Mittelrdornbachshof
Nüsterrasen
Mahlerts
Altschwambach
Neuschwambach
Rommersrain
St. Michael
Unterbernhards
Simmershausen
Oberweid
R. Auersburg
Julierhof
Struthof
Aura
Eckweisbach
Hilders
Buchschirm
Schutzhütte
Rhönwald
Landgrafenbr
Rhönhaus
Vordere
Rhön
Batten
Findlos
Findloser Berg
Rauschelberg
Ziegelhof
Kesselhof
Kesselkopf
Wickers
Tannenfels
Köhlersborn
R. Eberstein
B 458
B 278
Brand
Brandbach
Thaiden
Basaltwerk
Basalt
Mäusgehäu
Frankenheim
Schmedenkreuz
Wachtturm
Birx
Dungberg
Seiferts
Birxgraben
Gde Ehrenberg
Reulbach
Rinnberg
Unkenhof
Bornberg
Ehrenberg
Melperts
Querenberg
Schwarzer Br
Röhlichsgraben
Rhönhof
Tannenhof
Schafstein
Wasserkuppe
NSG
Becken-M
Forellenhof
Heckenhof
Wüstensachsen
Hollerborn
Ahornbr
Bockabr
Melpertser Rasen
H Ö N

# 2. Vom Ulstertal zum Habelberg

| | |
|---|---|
| **Streckenverlauf:** Tann – Esbachsgraben – Eckweisbach – Mahlerts – Neustädtges – Tann | **Tourenlänge:** ca. 30 km |
| **Sehenswürdigkeiten:** Rhöner Museumsdorf, Rhöner Naturmuseum, Schloß Tann, Stadtbrunnen | **Höhenunterschied:** max. 130 m<br>**Schwierigkeitsgrad:** schwer<br>**Kartenmaterial:** Top. Freizeitkarte Rhön 1:50000. |

Vom Marktplatz Tann führt uns die Route zunächst leicht abwärts bis zur Post; dort verlassen wir die Bundesstraße und biegen in die Brunnengasse ein. Bei der „Ulstermühle" halten wir uns links i. R. Sportplatz und fahren hinter der Ulsterbrücke (3. Brücke) auf den Rad- und Fußweg, der uns am Stadtteil Wendershausen vorbei bis zum Stadtteil Mollartshof führt.
Hier geht es geradeaus, an Neustädtges vorbei bis nach Esbachsgraben, wo wir in Richtung Neuschwambach links abbiegen. Über Unterrückersbach und Neuschwambach gelangen wir zum südlichsten Tanner Stadtteil, Aura. Wir fahren durch den Ort bis nach Eckweisbach und biegen dort rechts ab in Richtung Hünfeld. Nach kurzem Anstieg, für den wir mit einem herrlichen Rundblick von der Wasserkuppe im Süden über den Heidelstein bis zur thüringischen Rhön im Osten belohnt werden, rollen wir bequem weiter, an Unterbernhards und Mahlerts vorbei, bis zur sogenannten „Königsmühle".
Dem Wegweiser nach Tann folgend, geht es vorbei an Obernüst den Nüsterrasen hinauf. Etwa einen halben Kilometer hinter Obernüst verlassen wir die Landesstraße und biegen nach links in Richtung Boxberg ab. Wir fahren durch den Ort Boxberg und folgen der Wandermarkierung in Richtung Tann. Die Straße führt entlang der ehemaligen deutsch-deutschen Grenze,

und auf der Höhe bietet sich uns erneut ein schöner Blick auf die Hochrhön.

Bei der Abfahrt schauen wir auf den Stadtteil Habel vor dem 718 m hohen Habelberg. In dem Ort mit seiner schönen Barockkirche folgen wir in Höhe der Telefonzelle/des Backhauses nicht der Hauptstraße nach rechts, sondern fahren geradeaus und können uns dann bis nach Mollartshof rollen lassen. Hier können wir uns entscheiden, ob wir auf der B 278 oder auf dem Rad-/Fußweg zurück nach Tann fahren.

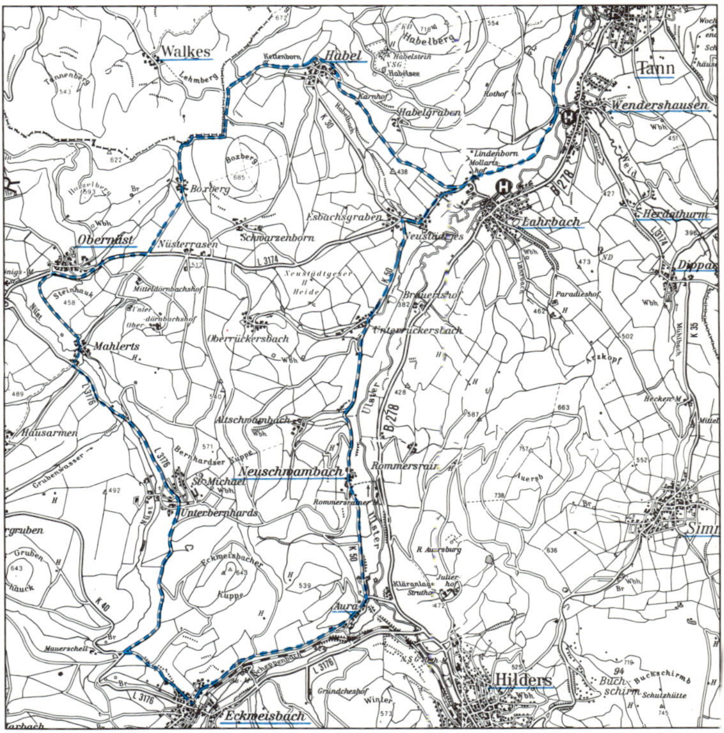

# 3. Zur sagenumwobenen Milseburg

| | |
|---|---|
| **Streckenverlauf:** Hilders – Eckweisbach – Liebhards – Rupsroth – Dietges – Brand – Findlos – Hilders<br>**Tourenlänge:** 20 km – markierter Radweg – asphaltiert (Zusatzstrecke: 10 km) | **Höhenunterschied:** 135 m – leicht ansteigend von Rupsroth nach Dietges<br>**Schwierigkeitsgrad:** leicht<br>**Kartenmaterial:** Top. Freizeitkarte Rhön 1:50000 |

Vom Gemeindezentrum in Ortsmitte von Hilders (460 m ü. NN) gelangt man über die Marien- und Stielerstraße zum Sandenhof, dann links auf die B 278 in Richtung Tann. Nach etwa 500 m biegen wir vor der Kläranlage links ab nach Aura und fahren durch das Scheppenbachtal nach Eckweisbach. Sehenswert ist hier die neugotische Pfarrkirche aus dem Jahre 1899.

Über den Lindenplatz entlang der Straße am Bahngleis geht es bis Liebhards (anerkannter Erholungsort), links Richtung Kesselhof und vor dem Bahngleis rechts nach Rupsroth (500 m ü. NN). Links sind ein Betonwerk und ein Phonolithsteinbruch. Auf der gesamten Strecke blickt man in Fahrtrichtung auf einen der schönsten Berge der Rhön, die „Milseburg", dessen 835 m ü. NN hoher Gipfel mit einer barocken Kreuzgruppe gekrönt ist. Im Ortsteil Rupsroth biegen wir links ab, und nun geht es leicht ansteigend auf der L 3068 in Richtung Dietges. Am Ortsausgang vom Parkplatz ab verlassen wir die Landesstraße, die auch ein Teil des „Hochrhönringes", einer malerischen Ausflugsstraße, ist, und fahren dann rechts weiter über den Radweg nach Dietges (585 m ü. NN). Von hier lohnt sich ein Abstecher zur Enzianhütte auf dem Weiherberg (750 m ü. NN), die über einen z. T. steilen Weg zu erreichen ist. An der Kreuzung in der Ortsmitte von Dietges geht es wieder abwärts über einen ausgebau-

ten Flurweg für Radfahrer durch das Brandtal nach Brand, weiter über Wickers bis zur Findloser Mühle. Wir überqueren die Bundesstraße und fahren geradeaus weiter bis zur Pension „Georgshof", dann rechts auf dem Waldweg und dem Bahngleis entlang. Ca. 100 m nach Waldende überqueren wir das Bahngleis und kommen nun nach Hilders, dann wieder rechts über die Ulsterbrücke zum Ausgangspunkt zurück.

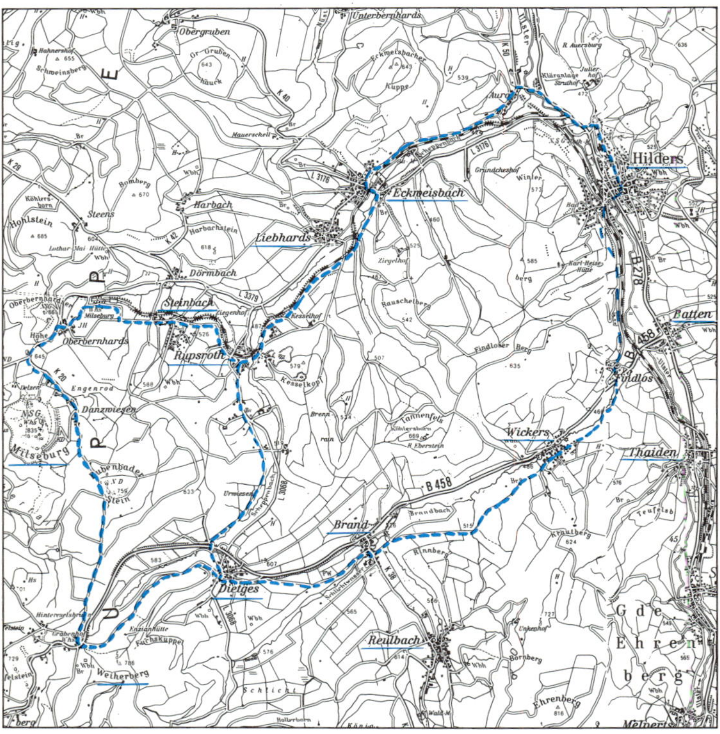

| | |
|---|---|
| **Zusatzstrecke:** Oberbernhards – Milseburg – Weiherberg | **Schwierigkeitsgrad:** schwer |

Ab Rupsroth in Ortsmitte rechts abbiegen. Die Landesstraße bei der Brücke überqueren und weiter links vom Bahngleis entlang durch Steinbach. 500 m nach dem Ortsausgang führt der Weg rechts ab zum ehemaligen Bahnhof Milseburg, in dem sich heute das Rhöner Wachsmuseum befindet. Dann geht es leicht ansteigend nach Oberbernhards (Deutsche Jugendherberge) bis Danzwiesen. Von hier aus kann man eine Fußwanderung entlang des prähistorischen Lehrpfades zum Gipfel der Milseburg (ehem. keltische Fliehburg) unternehmen. Dort bietet sich ein schöner Ausblick auf die Umgebung (Einkehrmöglichkeit in der Milseburg-Hütte von April bis Oktober). Zurück geht man den steileren Weg nach rechts hinunter. Am Fuß des Berges dann wieder links zum Ausgangspunkt.

Mit dem Rad fährt man nunmehr durch Danzwiesen geradeaus auf dem mit einem roten Winkel gekennzeichneten Wanderweg vorbei am Bubenbaderstein (759 m ü. NN) zum Grabenhöfchen. Dort überqueren wir die B 458 und folgen nun der Beschilderung auf dem ansteigenden Wirtschaftsweg bis zur Höhe, dann links um den Weiherberg (786 m ü. NN) zur Enzianhütte (Einkehrmöglichkeit). Weiter geht es bergab über den asphaltierten Weg nach Dietges. An der Kreuzung geradeaus bis zum Löschteich, dann rechts dem Radweg nach Hilders folgen.

Wer nicht über den Weiherberg schieben will, fährt vom Grabenhöfchen links ab auf der Bundesstraße nach Dietges (hier bitte die Abzweigung zur Enzianhütte nehmen). In Dietges links über die Bergstraße kommt man wieder auf den Radweg nach Hilders.

# 4. Über den Berg der Flieger

**Streckenverlauf:** Wüstensachsen – Wasserkuppe – Abtsroda – Brand – Wickers – Thaiden – Seiferts – Melperts – Wüstensachsen
**Sehenswürdigkeiten:** Naturschutzinformationszentrum, Ehrenberg, Fuldaquelle
Tourenlänge: ca. 25 km (Abkürzung ca. 17 km)
**Höhenunterschied:** max. 440 m
**Schwierigkeitsgrad:** schwer
**Kartenmaterial:** Top. Freizeitkarte Rhön 1:50000

Wir verlassen den Luftkurort Wüstensachsen über die Schafsteiner Straße, überqueren die B 278 und fahren nach links über die Beckenmühle in Richtung Heckenhof. Von hier aus geht es auf der B 284 bis zur Abzweigung zur Wasserkuppe. Hier münden wir rechts auf den „Hochrhönring“, eine malerische Ausflugsstraße, und gelangen an der Fuldaquelle vorbei zur Wasserkuppe (950 m).

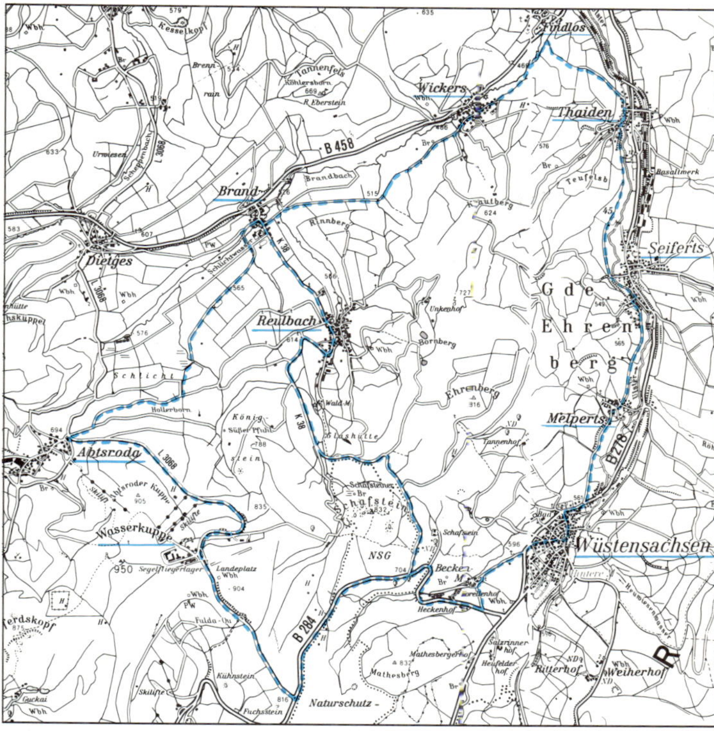


Bei einer kleinen Rast können wir uns stärken, den Fliegern zusehen und einige Fahrten mit der Riesenrutschbahn unternehmen, bevor es über den „Hochrhönring“ abwärts bis zur Kreuzung oberhalb Abtsrodas geht. Hier verlassen wir die Verkehrsstraße und fahren nach rechts in einen Feldweg ein. An der ersten Wegegabelung fahren wir links weiter und gelangen über gut ausgebaute Feld- und Waldwege nach Brand.
Wir treffen nun auf die Kreisstraße K 38 und fahren in Richtung Reulbach. Nach ca. 100 m kommen wir hinter der Bushaltestelle nach links auf den Radweg, der uns durch Wickers bis Findlos führt. Kurz vor Findlos verlassen wir den Radweg und fah-

ren nach rechts über einen Feldweg nach Thaiden. Von hier aus fahren wir über den Rad- und Gehweg über Seiferts und Melperts nach Wüstensachsen zurück.
Eine Abkürzung der Wegstrecke von der B 284 aus über die K 38 nach Reulbach und weiter nach Brand ist möglich. Hier beträgt die Streckenlänge ca. 17 km.
**Hinweis:** An Wochenenden ist im Bereich der Wasserkuppe mit verstärktem Verkehrsaufkommen zu rechnen.

# 5. Mit dem Mountainbike zur Hohen Rhön

| | |
|---|---|
| **Streckenverlauf:** Gersfeld (Bahnhof) – Guckaisee – Wasserkuppe – Rotes Moor – Kaskadenschlucht – Gersfeld<br>**Tourenlänge:** ca. 19 km | **Höhenunterschied:** 460 m<br>**Schwierigkeitsgrad:** schwer bis extrem schwer<br>**Kartenmaterial:** Top. Freizeitkarte Rhön 1:50000 |

Wir verlassen Gersfeld in Richtung Wasserkuppe (B 284). Am Ortsausgang links gelangen wir auf den Hochrhönring (K 41) Richtung Schachen über die Anhöhe bis nach Schwarzerden, dann rechts ab zum Guckaisee. Nach der Markierung „gelb umrandeter Keil“ geht es rechts am See vorbei auf die Hochfläche unterhalb des Wasserkuppengipfels. Die Wasserkuppe ist nun nicht mehr zu verfehlen. Wir halten uns zur linken Flanke hin; dort steht das Fliegerdenkmal.
Nachdem wir uns vom strammen Aufstieg erholt und auf dem „Berg der Flieger“ umgeschaut haben, rollen wir nun einfach 2 km auf der Straße an der Fuldaquelle vorbei den Wasserkup-

pen-Osthang hinunter bis zur B 284 Richtung Ehrenberg bzw. Gersfeld. Dort überqueren wir die Straße und befinden uns auch schon auf einem breiten Wanderweg (Markierung: „blauer Keil“), der uns am Rande eines ausgewiesenen Naturschutzgebietes über eine Hochfläche zum Roten Moor führt. Hier legen wir eine kleine Rast ein und gönnen uns einen Blick vom Aussichtsturm über das Rote Moor.
Wir kehren wieder auf unseren Weg zurück, fahren ein Stück in der alten Richtung weiter geradeaus durch den Wald, bis nach

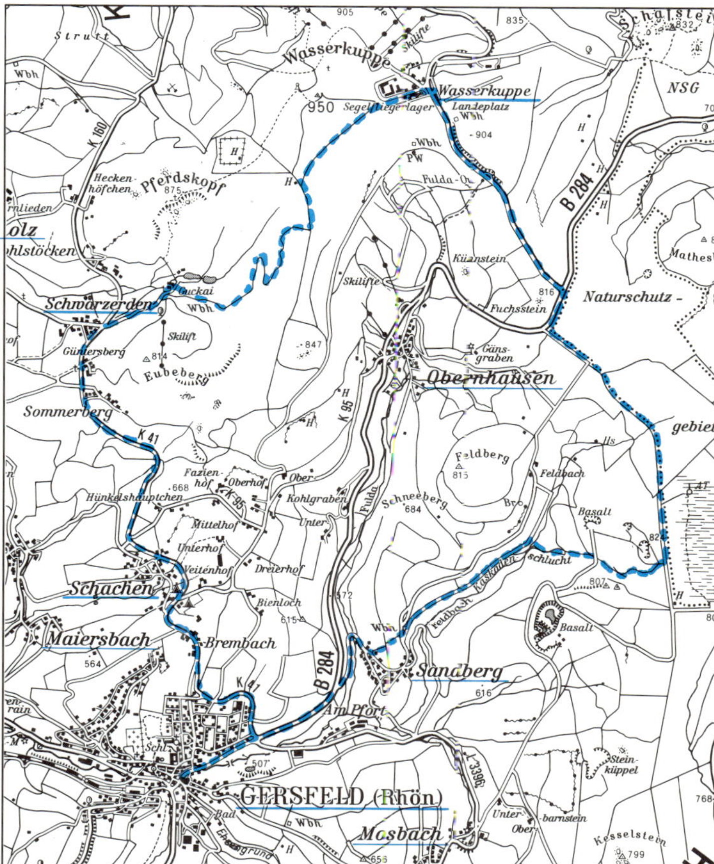

knapp 500 m rechts ein kleiner Weg (Markierung: „blauer Winkel“) abzweigt und bald steil in einer Bergfalte abwärts führt, in die Kaskadenschlucht. Nun heißt es das Fahrrad schieben, denn die Schlucht ist auch für Geübte nicht befahrbar. Dann aber rollt es wieder. Wir fliegen förmlich aus dem Wald und kommen in rascher Fahrt über Sandberg ins nahe Gersfeld.

**Auf ein Wort:** Bitte denken Sie daran, daß entlang des Weges eine vielfältige Fauna und Flora zu finden ist. Bleiben Sie daher auf den vorgegebenen Wegen, und schonen Sie unsere Natur. Und: Nehmen Sie bitte auch Rücksicht auf Wanderer. Auch diese wollen die Rhöner Landschaft in Ruhe genießen!

# 6. Zwischen Steinwand und Guckaisee

| | |
|---|---|
| **Streckenverlauf:** Poppenhausen – Wachtküppel – Guckaisee – Maulkuppe – Steinwand – Poppenhausen | **Tourenlänge:** ca. 27 km |
| **Sehenswürdigkeiten:** Ruine Ebersburg, Steinwand | **Höhenunterschied:** max. 130 m |
| | **Schwierigkeitsgrad:** mittelschwer |
| | **Kartenmaterial:** Top. Freizeitkarte Rhön 1:50 000 |

Wir verlassen Poppenhausen in westlicher Richtung und fahren auf gerader Strecke an den Weilern Bollrain und Hettenpauls-

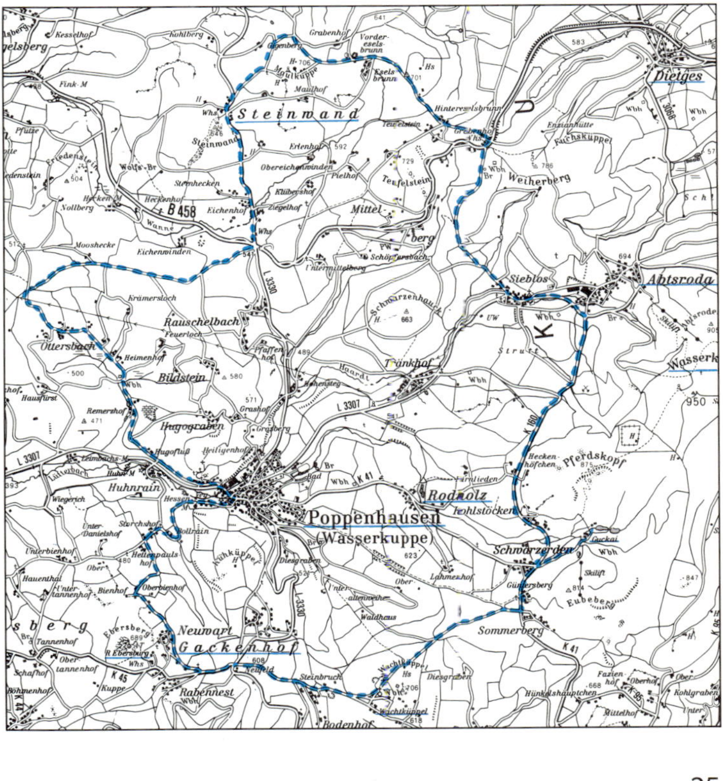

hof vorbei. Es beginnt nun ein stetiger Anstieg bis nach Neuwart. Wer Interesse hat, kann hier den Kurs einmal verlassen und die Ruine Ebersburg besichtigen. Von dort kann man einen Blick auf den Poppenhausener Talkessel mit seinen umliegenden Bergen werfen.
Es geht nun weiter über Neufeld und Steinbruch zum Wachtküppel (705 m). Auch hier ist eine Besichtigung der schönen St.-Wendelinus-Kapelle lohnenswert. Direkt hinter der Kapelle liegt der Wachtküppel, auch „Lausbub der Rhön" genannt. Auf dem nun vor uns liegenden Teilstück zum Güntersberg hat man einen schönen Blick auf die Wasserkuppe (950 m) mit Pferdskopf. Vom Güntersberg lohnt sich ein kurzer Abstecher zum Guckaisee, wo man sich eine kleine Verschnaufpause am Wasser gönnen sollte. Zurück zu unserer Rundtour geht es auf gerader Strecke am Heckenhöfchen vorbei hinab nach Sieblos. Hier verlassen wir am Ortsausgang die Straße in Richtung Grabenhöfchen.
Es geht nun weiter zur Maulkuppe. Auf dieser Strecke hat man einen schönen Ausblick auf die Milseburg. Am Fuldaer Haus (700 m), einem beliebten Ausflugsziel, hat man den höchsten Punkt des Rundkurses erreicht. Von dort ist es nicht weit zur Steinwand. Vom Parkplatz aus erreicht man diesen malerischen Naturklettergarten mit den steilen Phonolithfelsen zu Fuß. Wieder zurück zu den Fahrrädern, geht es weiter bergab. Hier muß die B 458 überquert werden. Über Mooshecke, Öttersbach, Heimenhof geht es meist bergab wieder in Richtung Poppenhausen. Am Ortseingang von Poppenhausen kommt man an der Firma Schleicher vorbei, einem weltweit bekannten Hersteller von Segelflugzeugen, und nach ca. 500 m ist man wieder am Ausgangspunkt des schönen Rundkurses angelangt.
Zu erwähnen ist noch, daß man auf der gesamten Strecke an vielen, gut erhaltenen Bildstöcken aus vier Jahrhunderten vorbeikommt (Informationsmaterial ist im Verkehrsamt Poppenhausen erhältlich). Außerdem liegen direkt am Rundkurs mehrere Gasthäuser, die zum Rasten oder Verweilen einladen.

# 7. Vom Gichenbachtal zum „Lausbub der Rhön“

| | |
|---|---|
| **Streckenverlauf:** Gersfeld – Thalau – Weyhers – Poppenhausen – Gersfeld | **Tourenlänge:** ca. 42 km |
| **Sehenswürdigkeiten:** Schloß mit Museum Gersfeld, Hochwildschutzpark Ehrengrund | **Höhenunterschied:** max. 350 m |
| | **Schwierigkeitsgrad:** sehr schwer |
| | **Kartenmaterial:** Top. Freizeitkarte Rhön 1:50000 |

Ausgangspunkt unserer Radtour ist der Marktplatz in Gersfeld. Wir überqueren die B 279 und folgen der Straße „Auf der Wacht“ in Richtung Rommers. Durch das Waldstück erreichen wir die Ziegelei, einige Meter weiter den Basaltsee und schließlich den Stadtteil Rommers. Am Ortsausgang biegen wir rechts ab und folgen der K 66 durch den Haderwald nach Gichenbach. Links abbiegend radeln wir aus dem schönen Gichenbachtal kommend einen langgezogenen Anstieg zur Höhe von Frauen-

holz hinauf. Auf abschüssiger Strecke führt unser Weg auf der K 73 in den Erholungsort Thalau. Die Kneippanlage lädt zur Lockerung der Beinmuskulatur ein. Am Ortsausgang von Thalau in Richtung Lütter passieren wir an der Ampelanlage nochmals die B 279 und erreichen in Ried das Fuldatal.

Über die wenig befahrene L 3458 kommen wir in den Eichenzeller Ortsteil Lütter. Unser Weg zweigt wieder rechts ab und führt über Memlos nach Weyhers. An der Altenmühle rechts über Hauental erreichen wir nach einem kleinen Anstieg das Wasserkuppenpanorama.

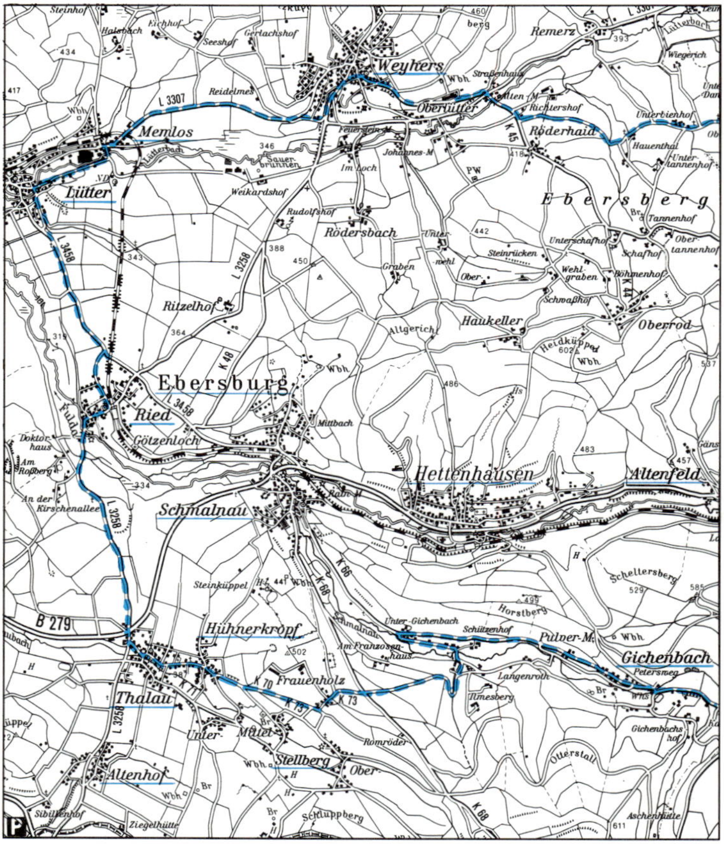

Der weitere Weg talwärts führt uns nach Poppenhausen. Die typischen Rhöner Gaststätten rund um den Marktplatz laden zum Mittagstisch ein und stärken uns für den schwierigsten Teil der Tour. Ein zunächst etwa 2 km langer, nicht allzu steiler Anstieg bringt uns in den Ortsteil Rodholz. Von hier bis Schwarzerden weist die Strecke auf den nächsten 1,5 km eine durchschnittliche Steigung von ca. 10 Prozent auf. Ein herrlicher Ausblick auf den „Lausbub der Rhön", den Wachtküppel (705 m), entschädigt für den mühevollen Aufstieg. Auf der K 41 gelangen wir über Schachen zurück zu unserem Ausgangspunkt Gersfeld.

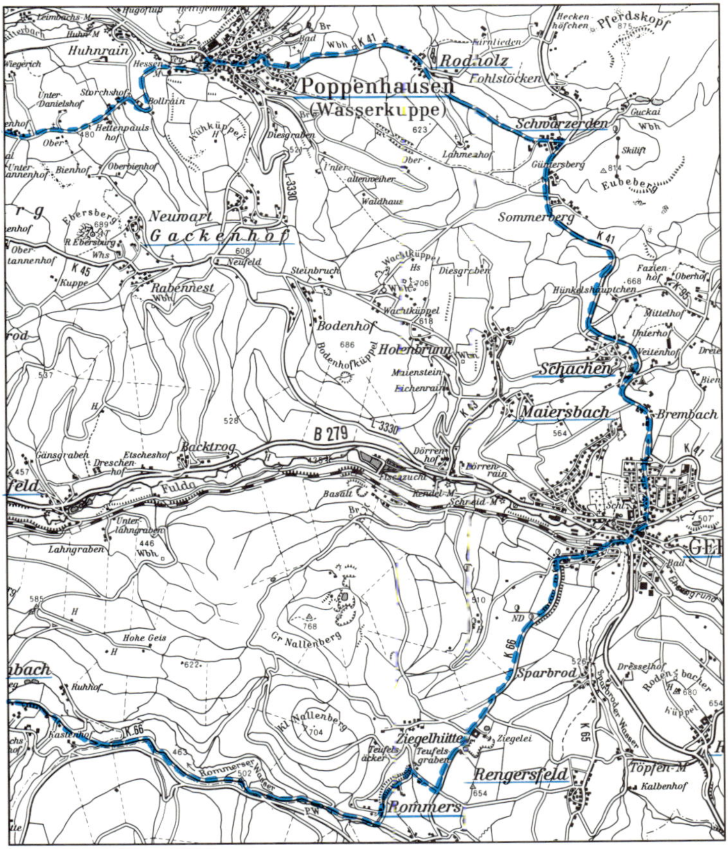

# 8. Zur Burgruine Ebersburg

**Streckenverlauf:** Weyhers – Ried – Thalau – Hettenhausen – Ebersburg – Weyhers
**Sehenswürdigkeit:** Burgruine Ebersburg

**Tourenlänge:** ca. 20 km
**Höhenunterschied:** max. 120 m
**Schwierigkeitsgrad:** schwer
**Kartenmaterial:** Top. Freizeitkarte Rhön 1:50000

In Weyhers beginnen wir unsere Tour innerhalb der Großgemeinde Ebersburg. Von hier aus fahren wir vorbei an Weikards- und Ritzelhof nach Ried.

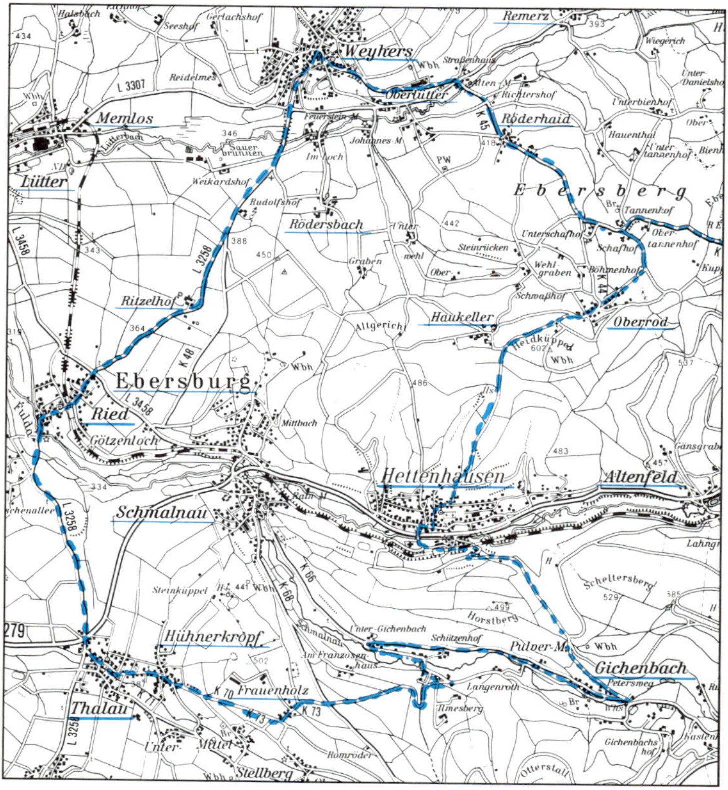

Der L 3258 folgen wir leicht ansteigend bis zum Erholungsort Thalau. In der Kneippanlage am Ortseingang wartet eine kühle Erfrischung für die müden Beine. Nun ist der nochmalige Anstieg von ca. 40 Höhenmetern bis Frauenholz besser zu bewältigen.
Über Gichenbach, vorbei an der Pulvermühle, geht es nach Hettenhausen, einem Stadtteil des Kneipp- und Luftkurortes Gersfeld. Eine kurze Rast in Hettenhausen ist zu empfehlen, denn dann steigt die Strecke erneut bis zum Heidküppel (602 m) an. Von dort lohnt sich ein Abstecher zur Burgruine Ebersburg (689 m). Ursprünglich stammt die Ebersburg vermutlich aus hohenstaufischer Zeit, wurde um 1271 zerstört und über 100 Jahre später erneut aufgebaut. Nach Ende des Dreißigjährigen Krieges verfiel die Burg. Die Burgruine, ein beliebtes Ausflugsziel, ist ab dem Parkplatz auf einem Fußweg zu erreichen. Der Ausblick auf die Hochrhön und über den Talkessel des Fuldatales zur Hohen Kammer entschädigt für den Aufstieg.
Vom Parkplatz Ebersburg aus kann man das Fahrrad bis zur Altenmühle laufen lassen. Dem Lüttertal entlang geht es zurück nach Weyhers.

# 9. Rund um den Giebelrain

| | |
|---|---|
| **Streckenverlauf:** Dipperz – Dietershausen – Lüttertal – Friesenhausen – Dipperz | **Schwierigkeitsgrad:** mittelschwer |
| **Tourenlänge:** ca. 22 km | **Kartenmaterial:** Top. Freizeitkarte Rhön 1:50 000 |
| **Höhenunterschied:** max. 210 m | |

Rund um den Giebelrain führt uns die Radtour, deren Ausgangs-

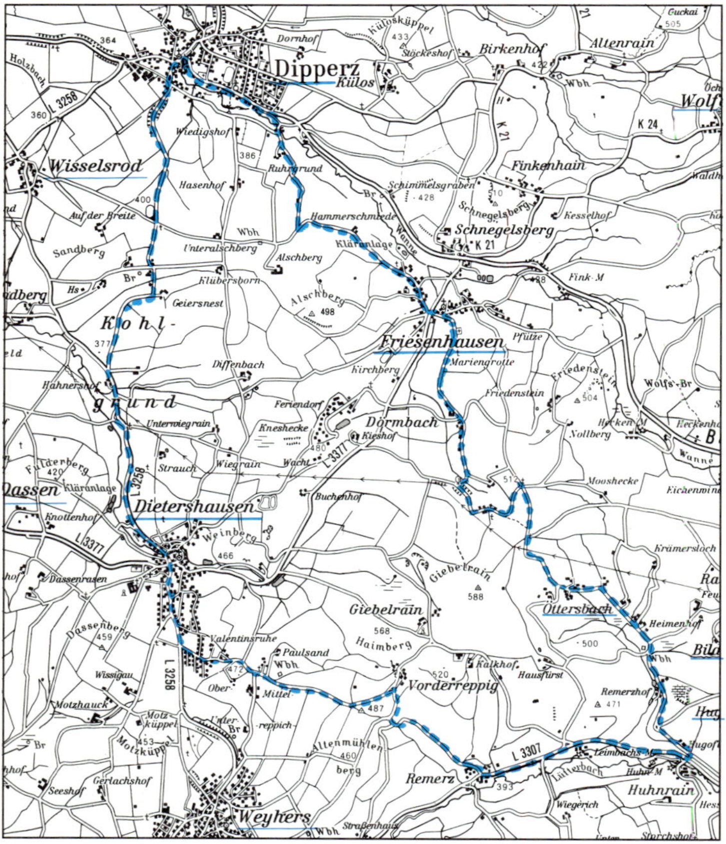

und Endpunkt die Gemeinde Dipperz ist und die die Rhön aus einer vielleicht bisher unbekannten Perspektive zeigt.
Von Dipperz (Ortsmitte) aus starten wir über Weberstraße und Kohlgrunder Straße und nehmen die kurze Steigung zum Ausweichsportplatz. Nach Überquerung des Fernwanderweges Ardennen – Böhmerwald braucht der Radler bis Dietershausen nun nicht mehr absteigen.
Am Ortsausgang nach Weyhers (L 3258) hinter der Gärtnerei führt die Tour durch den schönsten Abschnitt der Strecke, durch den Weiler „Valentinsruh" und die Höfe an der Südseite des Giebelrains. Weit reicht hier der Blick in das Fuldatal und hinüber in die hessisch-bayerische Rhön mit Wasserkuppe und Dammersfeld. Bergab geht es nun in das Lüttertal zu den Remerz- und Leimbachshöfen in Richtung Poppenhausen.
Die nächste Abzweigung am Hugograben führt nach links durch Öttersbach auf die Höhe an der Nordseite des Giebelrains, wo noch einmal ein herrlicher Rundblick auf Rhön und Fuldatal möglich ist. Stetig bergab geht nun die Fahrt durch die Höfe von Dörmbach nach Friesenhausen durch ständig wechselnde Landschaftsbilder zum Ausgangspunkt Dipperz.

# 10. Armenhof – Friesenhausen

| | |
|---|---|
| **Streckenverlauf:** Armenhof – Thiergarten – Altenrain – Finkenhain – Friesenhausen – Dietershausen – Kohlgrund – Wissels – Dipperz – Armenhof | **Tourenlänge:** ca. 20 km<br>**Schwierigkeitsgrad:** leicht<br>**Kartenmaterial:** Top. Freizeitkarte Rhön 1:50000 |

Ausgangspunkt dieser Radtour ist das Sägewerk Leitsch in Armenhof. Von dort fahren wir in Richtung Langenbieber, biegen aber vorher rechts ab in Richtung Kleinsassen. Am Thiergarten fahren wir wieder rechts über Altenrain nach Finkenhain. Von dort aus hat man eine herrliche Aussicht in die Rhön. Von Finkenhain geht es bergab nach Friesenhausen; wir halten uns aber gleich links und fahren von dort nach Dietershausen. In Dietershausen (Ortsmitte) fahren wir rechts durch den Kohlgrund über Wisselsrod nach Dipperz. Dort in der Ortsmitte ordnen wir uns

links ein, Beschilderung nach Langenbieber. Diese Straße verlassen wir nach ungefähr 1,5 km und fahren links zu unserem Ausgangspunkt zurück.

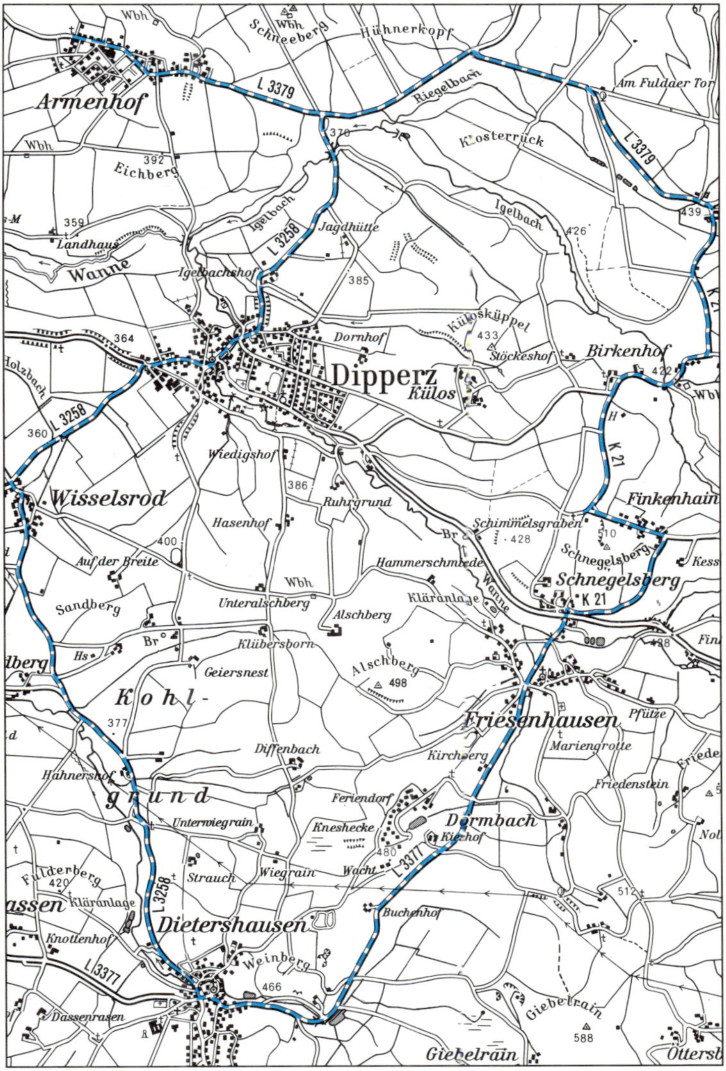

# 11. Mountainbike-Tour rund um die Milseburg

| | |
|---|---|
| **Streckenverlauf:** Parkplatz „Saubrücke" – Guckaihof – Vorderstellberg – Grabenhöfchen – Danzwiesen – Schackau – Fohlenweide – Parkplatz | **Tourenlänge:** 28 km<br>**Schwierigkeitsgrad:** mittel – schwer<br>**Kartenmaterial:** Top. Freizeitkarte Rhön 1:50000 |

Ausgangspunkt ist der Parkplatz „Saubrücke" an der Kreuzung Armenhof-Langenbieber, Abzweig Dipperz. Wir fahren auf der Landstraße ca. 300 m in Richtung Langenbieber und biegen dann rechts in den Wald ab und folgen der Wandermarkierung bis zur Straße Thiergarten – Altenrain. Diese überqueren wir geradeaus und benutzen anschließend den linken Weg. Nach etwa 1,5 km biegen wir auf dem höchsten Punkt links ab und fahren an einer Feldscheune vorbei über den Guckaihof zur Landstraße Kleinsassen-Steinwand. Dort biegen wir rechts ab und nach 300 m wieder links Richtung Vorder- und Hinterstellberg. Wir radeln immer geradeaus Richtung Grabenhöfchen und direkt hinter dem Weiler Eselsbrunn biegen wir links ab und folgen der Markierung „Milseburg" geradeaus über Danzwiesen bis zur Landesstraße Kleinsassen-Hilders. Dann biegen wir rechts ab und nach 100 m wieder links Richtung Schackau. Nach 1 km folgen wir dem Hinweisschild Elters bis zur nächsten Kreuzung und fahren dann links durchs Mambachtal nach Schackau. Wir überqueren die Landesstraße und fahren nach 50 m links in den Birkenweg Richtung Fohlenweide. Auf der Anhöhe vor der Fohlenweide halten wir uns links. Nach weiteren 50 m geht es rechts weiter und dann geradeaus zur Straße Kleinsassen-Thiergarten. Wir fahren rechts weiter und zweigen nach 100 m wieder rechts von der Straße ab. Dann gleich wieder links über das „Fuldaer Tor" geradeaus zum Ausgangspunkt.

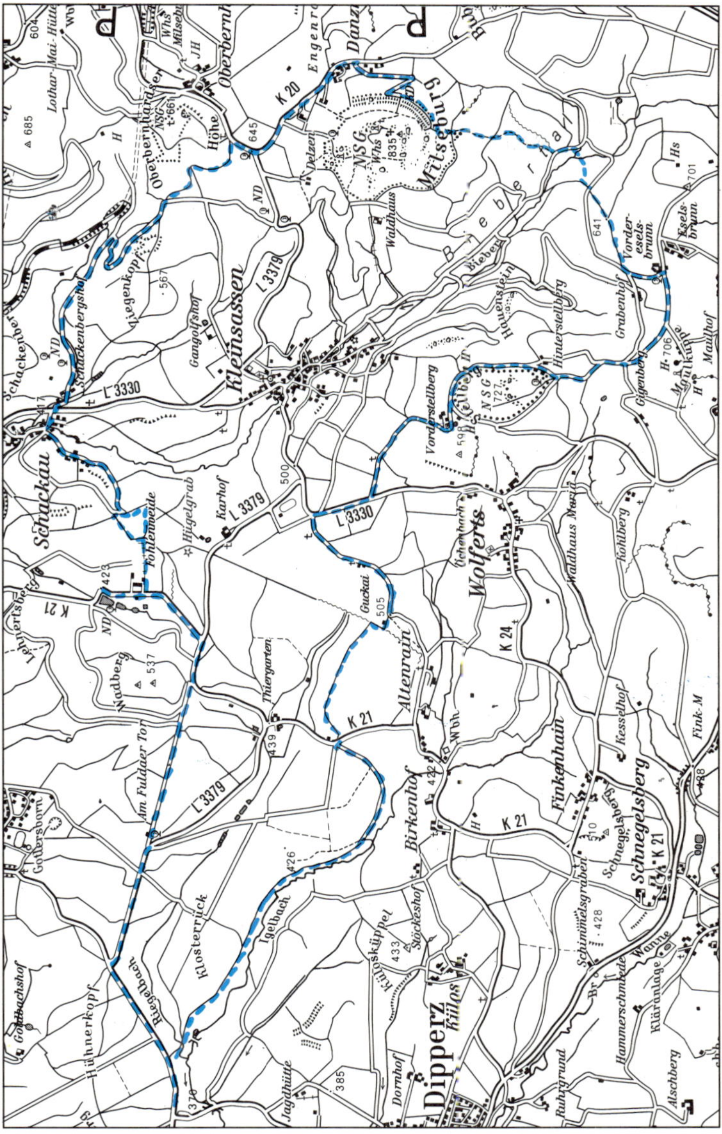

Milseburg
Kleinsassen
Schackau
Wolferts
Dipperz
Oberbernhards
Finkenhain
Schnegelsberg
Altenrain
Birkenhof
Kohlenmeide
Karhof
Hügelgrab
Gangolfshof
Ziegenkopf
Schackenbergshof
Waldhaus
Biebertal
Vorder-esels-brunn
Esels-brunn
Grabenhof
Guckai
Thiergarten
Waldberg
Am Fuldaer Tor
Klosterrück
Igelbach
Hühnerkopf
Dornhof
Jagdhütte
Kesselhof
Hammerschmede
Kläranlage
Alschberg
L 3330
L 3379
K 20
K 21
K 24

# 12. Mountainbike-Tour von Dipperz zum Haunestausee

**Streckenverlauf:** Dipperz – Armenhof – Wiesen – Haunestausee – Steinau – Almendorf – Rex – Dipperz
**Tourenlänge:** 30 km
**Schwierigkeitsgrad:** leicht bis mittel
**Kartenmaterial:** Top. Freizeitkarte Rhön 1:50000

Diese Mountainbike-Tour beginnt am Autohaus Will in Dipperz. Von dort fahren wir gegenüber in die Wilhelm-Neu-Straße und geradeaus über den Eichberg bis Armenhof. In Armenhof geht es rechts ca. 100 m in Richtung Langenbieber und dann biegen wir links ab in die Waldstraße. Wir fahren geradeaus auf dem mit blauer Drei markierten Rundweg vorbei an einem Weiher. Vor dem Wasserwerk dann links bis zur Landesstraße Margretenhaun-Niederbieber. Dort biegen wir rechts ab, Richtung Niederbieber, und nach 200 m wieder links ab nach Wiesen bis zur Kirche. Nach der Kirche halten wir uns rechts und nach etwa 1 km erreichen wir die Straße Mittelberg-Traisbach, die wir geradeaus in Richtung Wendelinuskapelle/Werthesberg überqueren. Am Werthesberg biegen wir rechts ab zum Sportplatz Steinhaus. An den Abzweigungen nach dem Sportplatz jeweils links halten, bis wir die Straße Steinhaus-Dammersbach erreichen. Diese überqueren wir und benutzen den Waldlehrpfad. An den nächsten beiden Abzweigungen halten wir uns links, bis wir den Rundweg Haunestausee erreichen. Dann fahren wir rechts und überqueren die Sperrmauer, halten uns dann direkt links am See entlang. Unterhalb der Gaststätte „Zellmühle" radeln wir links weiter bis zum Ende des Sees. Dann geht es links weiter auf dem mit einem blauen „H" gekennzeichneten Weg bis Steinhaus. In Steinhaus biegen wir rechts und gleich wieder links ab und radeln immer dem blauen „H" folgend, über Stei-

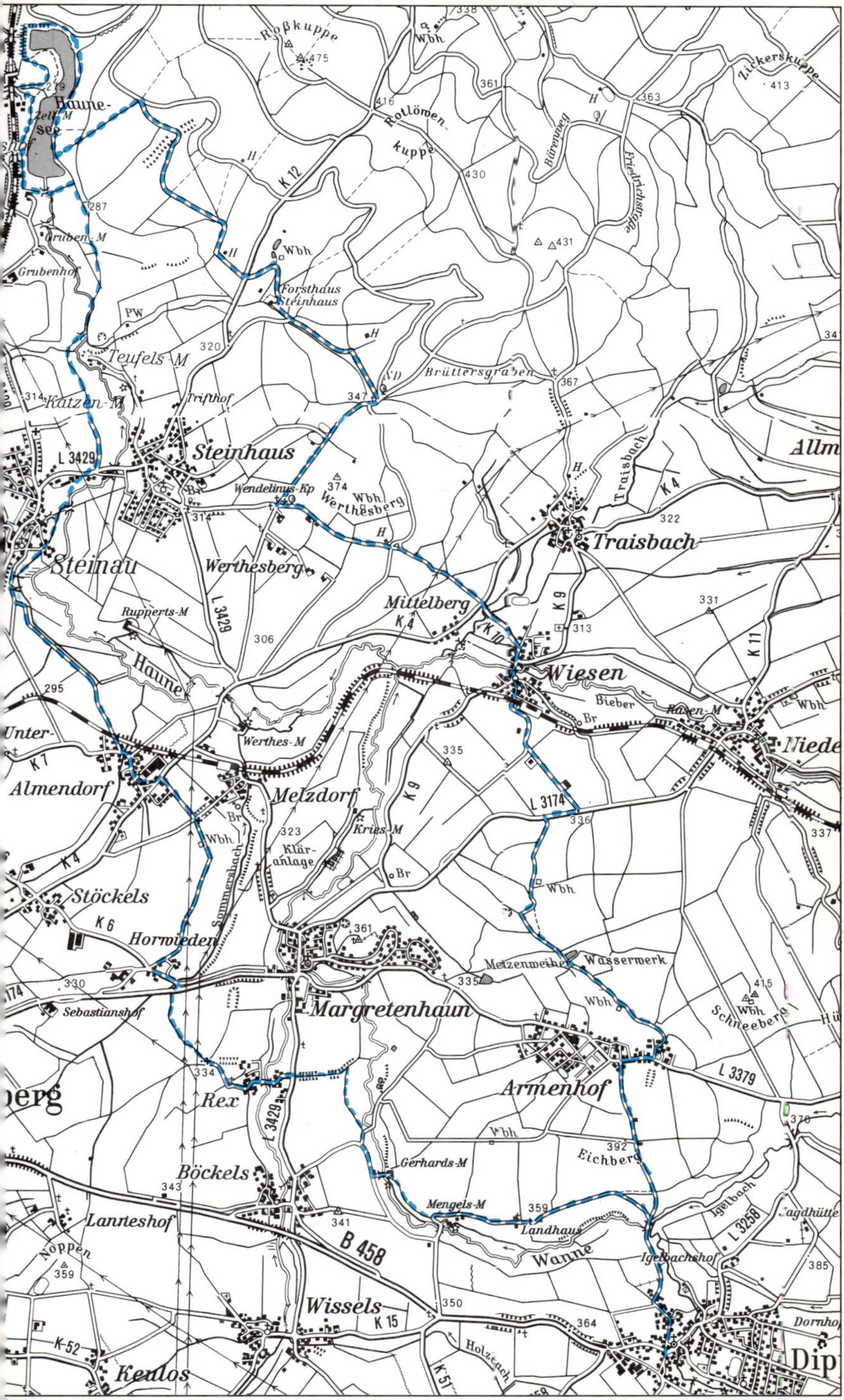

Roßkuppe
475
338
Wbh
Haune-See
Zell-M
279
287
Gruben-M
Grubenhof
Rotlöwenkuppe
416
361
363
Zickerskuppe
413
Bärenweg
Friedrichstraße
430
431
K 12
Wbh
Forsthaus Steinhaus
PW
Teufels-M
320
Katzen-M
314
Trifthof
347
VD
Brüttersgraben
367
347
Steinhaus
L 3429
Wendelinus-Kp
374
Wbh
Werthesberg
Traisbach
K 4
322
Traisbach
Allm
Steinau
Werthesberg
Mittelberg
K 4
K 10
K 9
313
331
K 11
Rupperts-M
L 3429
306
Haune
Wiesen
Bieber
Br
Rasen-M
Wbh
Niede
295
Unter-
Almendorf
K 7
Werthes-M
Melzdorf
335
L 3174
336
337
Br
Wbh
323
Kläranlage
Kries-M
Br
K 9
Wbh
K 4
Stöckels
K 6
Sommersbach
Horwieden
361
Metzenweiher
Wasserwerk
335
415
Wbh
Schneeberg
330
Sebastianshof
Margretenhaun
Wbh
Armenhof
L 3379
334
Rex
L 3429
Wbh
392
Eichberg
370
Gerhards-M
Böckels
343
Mengels-M
359
Landhaus
Igelbach
Jagdhütte
Lanneshof
341
B 458
Wanne
L 3258
Igelbachshof
385
Noppen
359
Wissels
K 15
350
364
Dornhof
K 52
Keulos
Holzbach
K 51
Dip

nau, Almendorf und Horwieden bis Rex. In Rex verlassen wir den Haunetalweg nach links und überqueren die Straße Böckels-Margretenhaun und halten uns dann rechts immer geradeaus am „Wanne“ entlang nach Dipperz.

# 13. Rund um Künzell

| | |
|---|---|
| **Streckenverlauf:** Künzell – Dirlos – Dietershausen – Künzell | **Höhenunterschied:** max. 150 m |
| **Sehenswürdigkeit:** Künzell-Florenberg | **Schwierigkeitsgrad:** leicht |
| **Tourenlänge:** ca. 19 km | **Kartenmaterial:** Top. Freizeitkarte Rhön 1:50000 |

Vom Ortsmittelpunkt Künzell, Grezzbachstraße, fahren wir über den neu geschaffenen Geh- und Radweg zum Naherholungsgebiet Lanneskuppel. Unter der Autobahn hindurch, vorbei an den Sportplätzen am Noppen, geht es weiter über Feldwege nach Wissels. Dirlos erreichen wir über die wenig befahrene Lan-

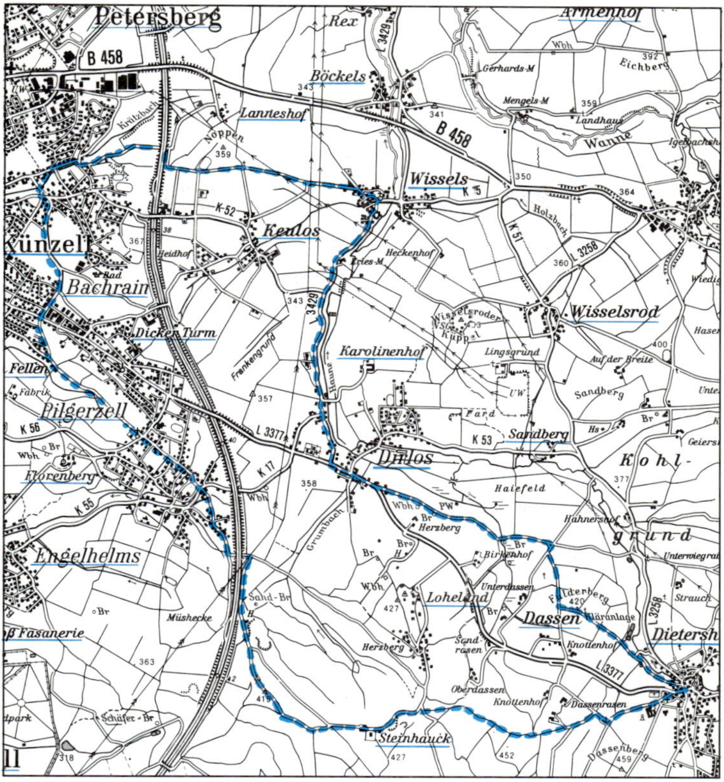


desstraße 3429 entlang der Haune. Der Auweg am Ortsausgang von Dirlos führt uns dann durch das Tal auf gut befestigten Wirtschaftswegen nach Dietershausen. An der Kreuzung an der Hauptstraße biegen wir rechts ab zur Marienhöhe. Hinter dem Dassenkreuz kurz vorm Dassenrasen fahren wir links den Weg durch den Wald vorbei am Steinhauck zur Waidmannsruh. Von diesem Streckenabschnitt aus hat man einen herrlichen Ausblick auf Künzell und Fulda. Über die Biligrimstraße in Pilgerzell und durch die Fellen vorbei am Bachrainer Sportplatz gelangen wir wieder über Weyherser Weg, Ronsbachweg, Hahlfeld und Hahlweg zurück zum Ausgangspunkt.

# 14. Von Künzell zum „Monte Kali“

| | |
|---|---|
| **Streckenverlauf:** Künzell – Pilgerzell – Bronnzell – Ziegel – Dorfborn – Neuhof – Hattenhof – Kerzell – Eichenzell – Schloß Fasanerie – Engelhelms – Pilgerzell – Künzell | **Sehenswürdigkeit:** Schloß Fasanerie Adolphseck<br>**Tourenlänge:** ca. 35 km<br>**Schwierigkeitsgrad:** leicht<br>**Kartenmaterial:** Top. Freizeitkarte Rhön 1:50000 |

Unsere Radtour beginnt am Autohaus Lothar Weber in Künzell. Dort überqueren wir die Straße und fahren nach Pilgerzell. Wir fahren links in die Florastraße und richten uns dort nach der Beschilderung Bronnzell. In Bronnzell überqueren wir die Straße und fahren nach Ziegel. (Schöner, schattiger Weg an der Fulda entlang). In Ziegel gute Einkehrmöglichkeit in einem alten romantischen Biergarten direkt an der Fulda. Wir fahren weiter über Dorfborn nach Neuhof (teilweise Radwege). Weithin sichtbar ist die riesige Abbauhalde des Kaliwerkes („Monte Kali“). In Neuhof Ortsmitte fahren wir links über die Eisenbahnbrücke und nach der Brücke gleich wieder links nach Hattenhof (es geht etwas steil bergauf). Von dort über Kerzell nach Eichenzell (gut ausgeschildert). In Eichenzell an der DEA-Tankstelle fahren wir rechts herauf ins Neubaugebiet. Am Ende dieser Straße fahren wir wieder links bis zur Baumschule Degenkolb. Von dort biegen wir rechts in die Allee zu Schloß Fasanerie Adolphseck ein. (Sehenswert, auch der Park). Wir verlassen das Schloßgelände und fahren von dort nach Engelhelms. In Engelhelms fahren wir wieder rechts nach Pilgerzell und zu unserem Ausgangspunkt zurück.

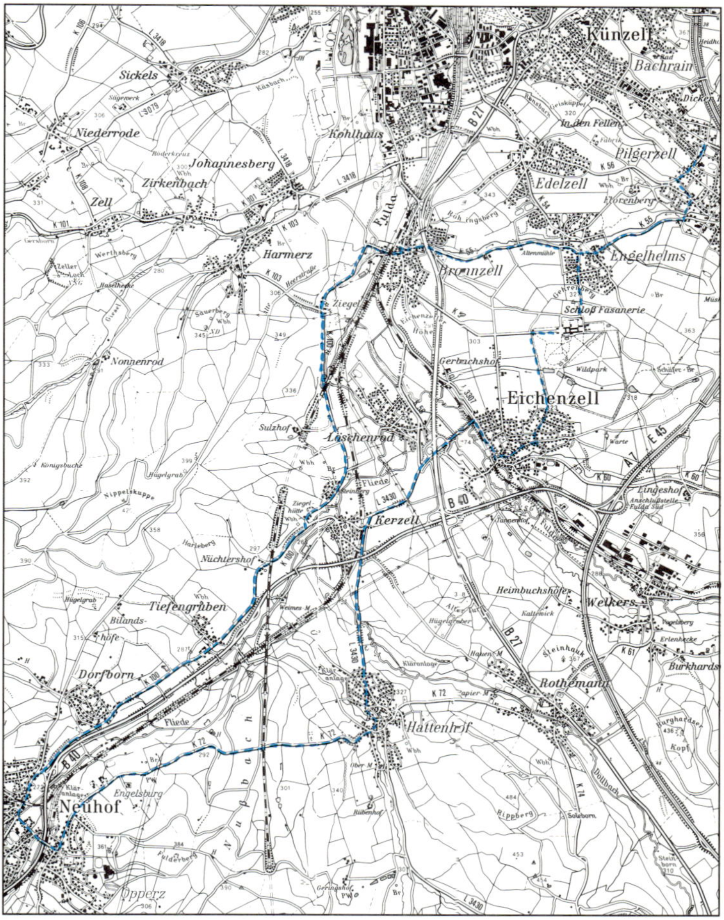

Künzell
Bachrain
Sickels
Niederrode
Kohlhaus
Johannesberg
Zirkenbach
Zell
Pilgerzell
Edelzell
Harmerz
Engelhelms
Bronnzell
Schloß Fasanerie
Nonnenrod
Gerbachshof
Eichenzell
Sulzhof
Löschenrod
Kerzell
Nüchtershof
Eingeshof
Heimbuchshöfe
Welkers
Tiefengraben
Dorfborn
Rothemann
Burkhards
Hattenhof
Neuhof
Engelsburg
Opperz
Fulda
Fliede
B 27
B 40
K 72
L 3430
K 100

# 15. Durch die hessische Rhön

| | |
|---|---|
| **Streckenverlauf:** Künzell – Wissels – Margretenhaun – Armenhof – Kleinsassen – Wolferts – Steinwand – Grabenhöfchen – Dietges – Eckweisbach – Langenberg – Elters – Langenbieber – Dipperz – Wisselsrod – Wissels – Künzell | **Sehenswürdigkeiten:** Künstlerdorf Kleinsassen, Steinwand<br>**Tourenlänge:** ca. 60 km<br>**Schwierigkeitsgrad:** mittel – keine Tour für Anfänger<br>**Kartenmaterial:** Top. Freizeitkarte Rhön 1:50000 |

Wir beginnen unsere Radwandertour an der Tennishalle am Dicken Turm. Von dort fahren wir nach Keulos. An der Gaststätte zur Linde biegen wir die erste Straße rechts ein in Richtung Wissels, dort richten wir uns nach der Beschilderung nach Margretenhaun. An der Gaststätte zum grünen Baum fahren wir nach rechts in Richtung Armenhof. Ca. 1 km nach Armenhof biegen wir nach rechts ein und halten uns an die Beschilderung nach Kleinsassen (sehr schön gelegener Rhönort – Künstlerdorf – mit Dauerausstellungen). Wir fahren aber nicht nach Kleinsassen herein, sondern fahren an der Kreuzung rechts nach Wolferts und Steinwand (rechter Hand herrliche Aussicht ins Fuldaer Land). An der Gaststätte Steinwand biegen wir links in einen kaum befahrenen Weg ein (zum Maulhof). Auf der Höhe dieses Weges haben wir eine herrliche Aussicht auf die Milseburg, die Enzianhütte (beides besuchenswert) und die Wasserkuppe. Diesen Weg verlassen wir an dem Gasthof Grabenhöfchen und fahren von dort nach links in Richtung Dietges. Kurz vor Dietges ordnen wir uns wieder links ein und fahren auf dieser Straße bis nach Eckweisbach. Hier machen wir eine kleine Verschnaufpause (gute Einkehrmöglichkeit). Von der Ortsmitte in Eckweisbach biegen wir in den Harbacher Weg ein (kaum befahren) bis kurz vor Harbach, dort halten wir uns dann rechts in

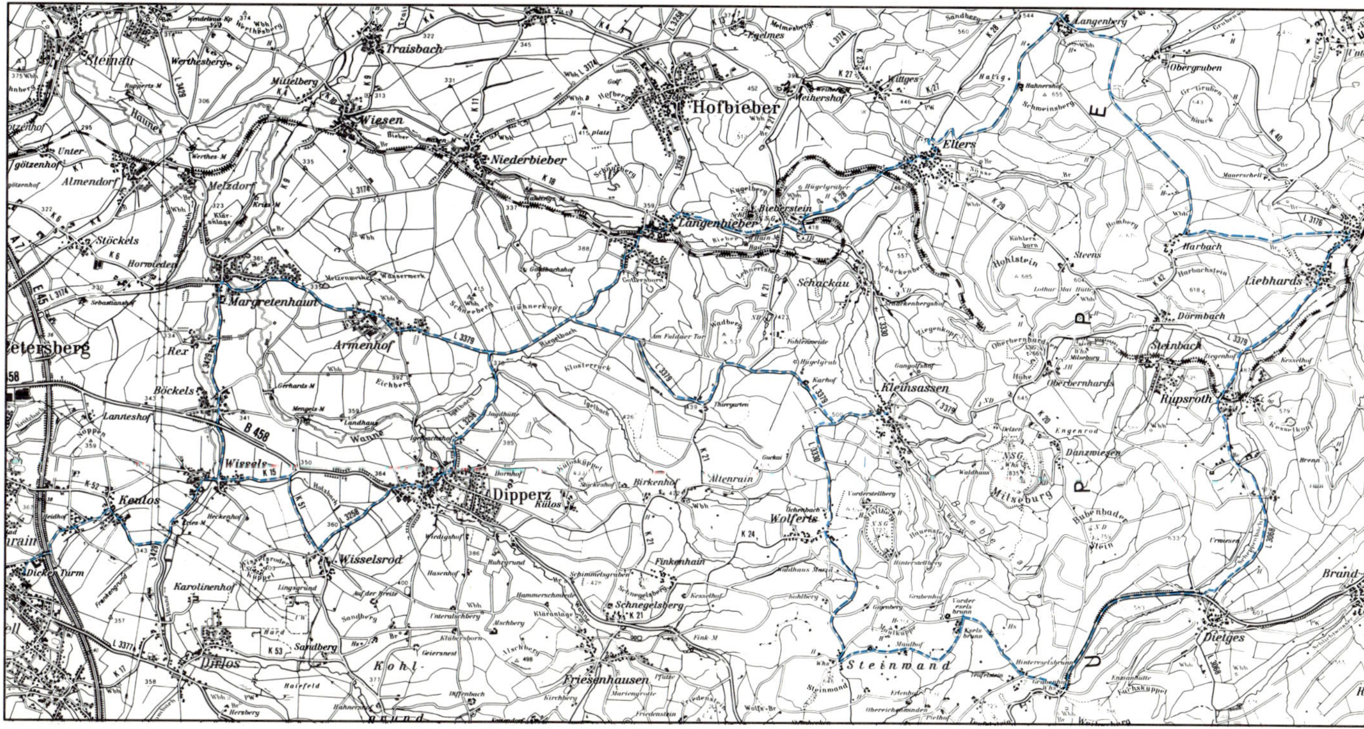

Hofbieber
Langenbieber
Niederbieber
Wiesen
Traisbach
Elters
Langenberg
Obergruben
Harbach
Liebhards
Dörmbach
Steinbach
Rupsroth
Dietges
Brand
Oberbernhards
Danzwiesen
Milseburg
Kleinsassen
Schackau
Wolferts
Steinwand
Dipperz
Armenhof
Margretenhaun
Böckels
Wissels
Wisselsrod
Friesenhausen
Schnegelsberg
Finkenhain
Birkenhof
Altenrain
Melzdorf
Almendorf
Stöckels
Rex
Steinau
Karolinenhof
Lanneshof
Dicker Turm

Richtung Langenberg. Es geht zwar etwas steil herauf, aber die herrliche Aussicht und die wunderschönen Kornfelder mit riesengroßen Flecken aus herrlich blauen Kornblumen entschädigen uns dafür. Kurz vor Langenberg halten wir uns an die Pappelallee und fahren an dem Hahnershof vorbei bis nach Elters, es geht nur bergab. Von Elters gehts nach Langenbieber, durch den Ort in Richtung Dipperz. Nach Dipperz fahren wir links über Wisselsrod und Wissels wieder zu unserem Ausgangspunkt zurück.

# 16. Ins Hünfelder Land

**Streckenverlauf:** Wissels – Böckels – Margretenhaun – Wiesen – Traisbach – Allmus – Rimmels – Silges – Mackenzell – Hünfeld – Sargenzell – Rudolphshan – Michelsrombach – Lehnerz – Götzenhof – Almendorf – Stöckels – Margretenhaun – Böckels – Wissels
**Tourenlänge:** ca. 50 km
**Schwierigkeitsgrad:** mittel – für Geübte
**Kartenmaterial:** Top. Freizeitkarte Rhön 1:50000

Diese Radtour beginnt an der Gaststätte Rhönblick in Wissels. Von dort fahren wir links über Böckels und Rex nach Margretenhaun. Am Ortsende von Margretenhaun fahren wir links nach Wiesen und in Wiesen rechts nach Traisbach und Allmus. Allmus ist ein sehr schöner alter Rhönort mit vielen Fachwerkhäusern. In der Ortsmitte von Allmus folgen wir der Beschilderung nach Rimmels (es geht ca. 1 km bergauf). In Rimmels fahren wir über Silges an Mackenzell vorbei Richtung Hünfeld. In Hünfeld fahren wir links und richten uns dann nach der Beschilderung Richtung Michelsrombach. Wir fahren an Sargenzell vorbei, Rudolphshan, nach Michelsrombach. Dort richten wir uns wieder nach der Beschilderung Fulda. Sehr schöner Weg fast nur durch Wald, also sehr gut an heißen Tagen zu fahren. Auf der Höhe dieses Weges angekommen, gute Einkehrmöglichkeit im Wirtshaus im Michelsrombacher Wald mit großem Biergarten. Von hier aus fahren wir über Lehnerz, Götzenhof, Almendorf und Stöckels wieder nach Margretenhaun und von dort über Rex und Böckels zu unserem Ausgangspunkt zurück.
(Ohne Kartenskizze)

# 17. Vom Zwibbelsploatz zur „Alten Brennerei“

| | |
|---|---|
| **Streckenverlauf:** Hofbieber – Langenberg – Mahlerts – Obernüst – Nüsttal – Rimmels – Nässetal – Weihershof – Hofbieber<br>**Tourenlänge:** ca. 25 km | **Höhenunterschied:** 170 m<br>**Schwierigkeitsgrad:** mittelschwer<br>**Kartenmaterial:** Top. Freizeitkarte Rhön 1:50000 |

Unser Ausgangspunkt ist die Gemeinde Hofbieber. Über den Galgenküppel erreichen wir auf der Landesstraße 3174 den Weihershof. Von hier aus fahren wir vorbei an der alten Weihersmühle zum Ortsteil Wittges. Hier sollte man sich die Zeit nehmen, im urigen Dorfgasthaus ein Stück Zwibbelsploatz oder Hausmacher-Wurst mit frischem Bauernbrot zu essen. Der Ploatz und das Brot werden übrigens direkt nebenan im Dorfbackhaus noch selbst gebacken (auf Vorbestellung).
Entlang der Dorfstraße verlassen wir den Ortsteil und fahren in Richtung Langenberg einen steilen Aufstieg hinauf. Von dort geht es hinunter auf der Kreisstraße 40, bis wir auf die Landesstraße 3176 treffen und diese nach Mahlerts (Besichtigung eines Öko-Bauernhofes auf Voranmeldung möglich, Tel. 06684/209) überqueren. Hier biegen wir links ab, fahren um den „Steinhauck“ herum nach Obernüst. Über Wallings gelangen wir ins Tal der Nüst nach Gotthards. Nun nehmen wir den malerischen Radweg entlang des Baches über Morles bis nach Rimmels und biegen dort in das Nässetal ein. Dem Bach folgend geht es ein kurzes Stück der Landesstraße 3258 entlang. Wir überqueren diese und fahren auf einem Feldweg erneut die Nässe entlang, bis wir kurz vor Egelmes auf die Kreisstraße 13 treffen.
In Egelmes geht es rechts ab zum Weihershof zurück. Dieses Gut beherbergt auch heute noch die „Alte Brennerei“. Hier werden

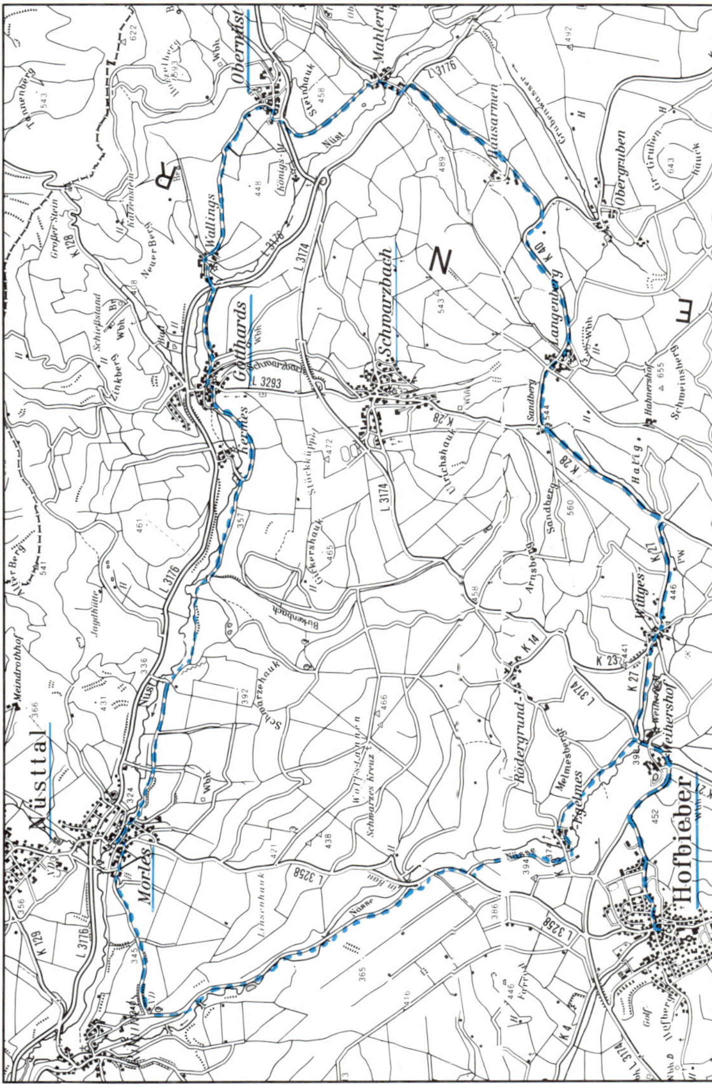

Nüsttal
Morles
Gotthards
Obernüst
Schwarzbach
Wallings
Mahlerts
Langenberg
Obergruben
Hausarmen
Hofbieber
Wittges
Weihershof
Rödergrund
Kermes
Schwarzbach
Nüst
L 3176
L 3174
L 3293
L 3258
K 28
K 27
K 14
K 40

seit 1832 feine Spirituosen und Liköre hergestellt. Sollten wir während der Geschäftszeiten dort ankommen, so lohnt es sich, anzuhalten und einen Begrüßungstrunk zu kosten. Über einen Feldweg, vorbei an der Hessenliede, erreichen wir wieder Hofbieber.

# 18. Ins Schlitzerland

**Streckenverlauf:** Petersberg – Lehnerz – Michelsrombach – Schlotzau – Hechelmannskirchen – Langenschwarz – Unterschwarz – Sandlofs – Hutzdorf – Schlitz – Üllershausen – Hartershausen – Hemmen – Lüdermünd – Kämmerzell – Gläserzell – Horas – Niesig – Lehnerz – Petersberg
**Sehenswürdigkeiten:** Liobakirche Petersberg, Burgenstadt Schlitz
**Tourenlänge:** 60 km
Schwierigkeitsgrad: mittel
Kartenmaterial: Top. Freizeitkarte Rhön 1:50000

Wir starten in Petersberg am Parkhaus Ratshof. Hinter dem Propsteihaus geht es zunächst steil bergab, dann wieder hinauf in Richtung Fulda-Lehnerz, vorbei am Rauschenberg. In Lehnerz überqueren wir die erste Kreuzung, lassen nach einigen hundert Metern den Autohafen Fulda-Nord rechts liegen und fahren durch den Michelsrombacher Wald etwa 10 km nach Michelsrombach. Am Ortseingang halten wir uns links, durchqueren den Ort und fahren an der Kreuzung Schlitz-Hünfeld-Burghaun geradeaus in Richtung Burghaun. Nach einem recht steilen Anstieg und einer kurzen Abfahrt biegen wir links ab nach Schlotzau und, wiederum linker Hand, nach Hechelmannskirchen.

In der Ortsmitte von Langenschwarz, der nächsten Ortschaft, halten wir uns rechts und gelangen nach Unter-Schwarz; ca. 50 m hinter dem Ortsschild biegen wir links ab auf den Radweg nach Schlitz, dem wir an der Fulda entlang bis nach Sandlofs folgen. Hinter Sandlofs fahren wir zunächst geradeaus und nach ca. 150 m links in Richtung Schlitz. Am Klärwerk vorbei halten wir uns rechts und an der nächsten Abbiegung wieder links; nach der Ortschaft Hutzdorf erreichen wir die Burgenstadt Schlitz, die zu besichtigen wir auf keinen Fall versäumen sollten. Anschließend geht es zurück in Richtung Fulda; durch das Fuldatal radeln wir über Üllershausen, Hartershausen, Hemmen, Lüdermünd, Kämmerzell und Gläserzell nach Fulda-Horas. Wir überqueren hier die erste Kreuzung und fahren immer geradeaus weiter über Niesig nach Lehnerz, wo wir links abbiegen in Richtung Autobahnauffahrt. Ca. 50 m hinter dem Zubringer zur Autobahnauffahrt fahren wir rechts (auf dem gleichen Weg wie zu Beginn unserer Tour) über den Rauschenberg nach Petersberg zum Parkhaus Ratshof.
(Ohne Kartenskizze)

# 19. Petersberg – Kleinsassen

**Streckenverlauf:** Petersberg – Stöckels – Almendorf – Mittelberg – Traisbach – Allmus – Hofbieber – Langenbieber – Schackau – Kleinsassen – Armenhof – Margretenhaun – Stöckels – Petersberg
**Tourenlänge:** 32 km
**Schwierigkeitsgrad:** mittel
**Kartenmaterial:** Top. Freizeitkarte Rhön 1:50000

Ausgangspunkt ist das Parkhaus Ratshof in Petersberg. Von hier aus radeln wir zunächst über die Propsteistraße zur Rhönbergstraße; anschließend durch die Ortschaften Stöckels, Almendorf, Mittelberg, Traisbach und Allmus nach Hofbieber. In Hofbieber fahren wir an der Kirche und am Postamt vorbei nach Langenbieber. Weiterhin führt uns unser Weg vorbei am Schwimmbad und an Schloß Bieberstein, wo sich ein Abstecher zur Fohlenweide anbietet, über Schackau nach Kleinsassen, das sogenannte „Malerdorf", das interessierten Kunstfreunden einige Sehenswürdigkeiten bietet (z. B. Kunststation, Kunstscheune). Am Ortsausgang von Kleinsassen erwartet uns ein kurzer, aber recht steiler Anstieg bis zur nächsten Kreuzung, wo wir rechts abbiegen und an Thiergarten vorbei einige Kilometer durch den Wald bis nach Armenhof und danach nach Margretenhaun fahren. In Margretenhaun halten wir uns an der Kreuzung in Richtung Petersberg/Fulda und gelangen am Ortsausgang auf einen Radweg, der uns nach Horwieden führt, wo sich eine „Biergartenpause" anbietet. Anschließend radeln wir weiter nach Stöckels und von dort zurück nach Petersberg und zum Parkhaus Ratshof.

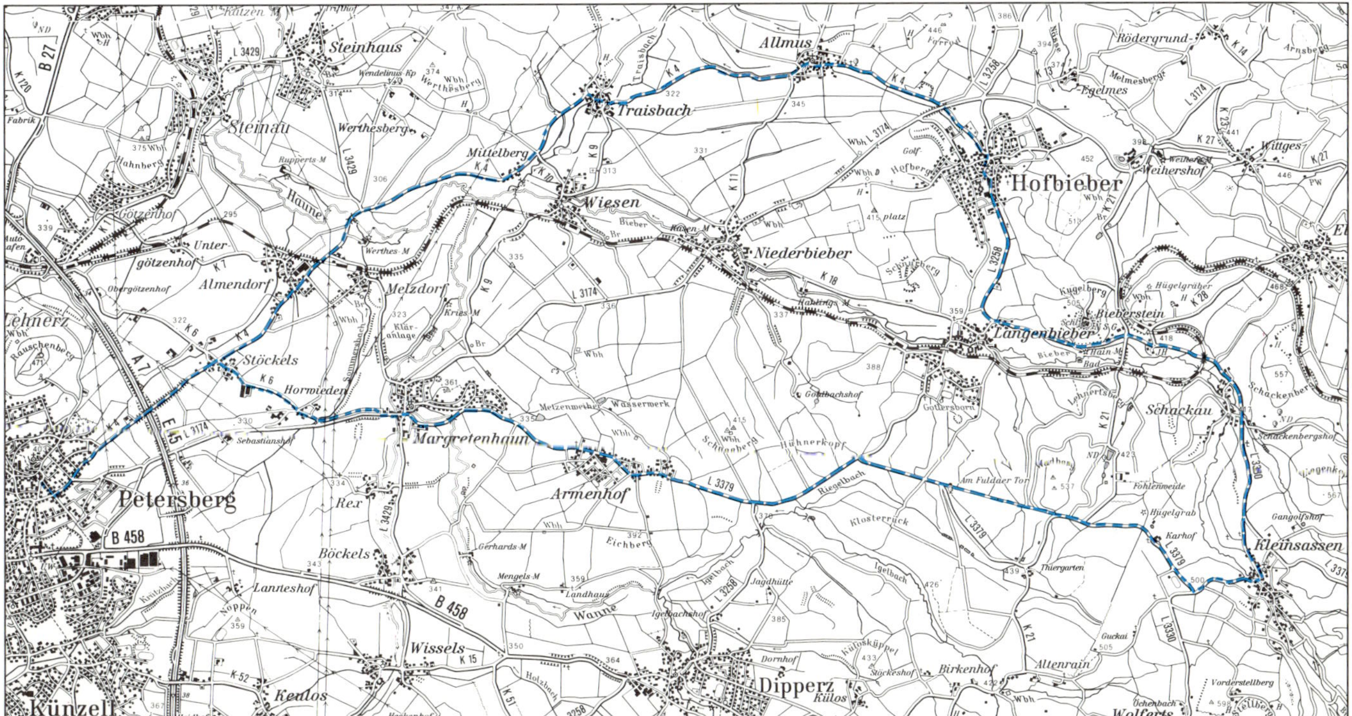

Hofbieber
Langenbieber
Niederbieber
Allmus
Traisbach
Wiesen
Mittelberg
Armenhof
Margretenhaun
Melzdorf
Almendorf
Stöckels
Hormieden
Petersberg
Dipperz
Kleinsassen
Schackau
Bieberstein
Wissels
Böckels
Rex
Steinhaus
Steinau
Werthesberg
Haune
Künzell
Keulos
Wolferts
Altenrain
Birkenhof
Lanneshof
Egelmes
Weihershof
Wittges
Rödergrund
A 7
B 458
B 27
L 3379
L 3258
L 3429
L 3174

# 20. Von Petersberg ins Geisaer Amt

**Streckenverlauf:** Petersberg – Stöckels – Almendorf – Mittelberg – Traisbach – Allmus – Rimmels – Morles – Gotthards – Ketten – Spahl – Geismar – Setzelbach – Haselstein – Mittelaschenbach – Hofaschenbach – Rimmels – Petersberg
**Tourenlänge:** 58 km
**Schwierigkeitsgrad:** mittel bis schwer
**Kartenmaterial:** Top. Freizeitkarte Rhön 1:50000

Vom Parkhaus Ratshof in Petersberg aus fahren wir über die Propsteistraße zur Rhönbergstraße und über Stöckels, Almendorf, Mittelberg, Traisbach nach Allmus. Etwa in der Dorfmitte biegen wir links ab in Richtung Nüsttal-Rimmels. Hinter Rimmels halten wir uns rechts und radeln über Morles nach Gotthards. In Gotthards fahren wir links in Richtung Schwimmbad bzw. Ketten, wo eine serpentinenartige Straße zur Landesgrenze Hessen-Thüringen führt. Von dem am ehemaligen Grenzstreifen liegenden Rastplatz hat man einen wunderbaren Blick ins Geisaer Amt.
Anschließend erwartet uns eine herrliche Abfahrt von der Landesgrenze nach Ketten und Spahl. Hier fahren wir links in Richtung Geisa bis Geismar; am Ortsausgang wieder links zur Landesgrenze und über Setzelbach nach Haselstein. Auch hier biegen wir nach links ab und gelangen über Mittelaschenbach nach Hofaschenbach. Nun geht es zurück nach Rimmels und von hier aus auf dem gleichen Weg wie bei unserer Hinfahrt über Allmus, Traisbach, Mittelberg, Almendorf und Stöckels nach Petersberg zum Parkhaus Ratshof.

# 21. Familien-Tagestour durch die Vorderrhön

**Streckenverlauf:** Stöckels – Lehnerz – Michelsrombach – Oberrombach – Praforst – Nüst – Mackenzell – Silges – Rimmels – Allmus – Hofbieber – Langenbieber – Bieberstein – Weihershof – Wittges – Elters – Schackau – Kleinsassen – Karhof – Thiergarten – Armenhof – Margretenhaun – Horwieden – Stöckels
**Tourenlänge:** 60 km oder 40 km
**Schwierigkeitsgrad:** mittel
**Kartenmaterial:** Top. Freizeitkarte Rhön 1:50 000

Für diese Tour werden zwei Varianten angeboten (ohne Kartenskizze)
Tour I 60 km
Tour II 40 km

| | | |
|---|---|---|
| Start in Stöckels | km 0 | |
| Götzenhof | km 2,3 | nach Bundesbahnbrücke links in Brückenstraße fahren |
| Autohafen Fulda Nord | km 3,2 | |
| Wirtshaus Michelsrombacher Wald | km 4,9 | Anstieg von 1,7 km Länge |
| | km 10,0 | Abfahrt mit S-Kurve bis nach Michelsrombach |
| Michelsrombach | km 13,9 | bei abknickender Vorfahrt rechts in Ort fahren |
| | km 14,8 | Auffahrt auf Landesstraße in Richtung Hünfeld |
| Oberrombach | km 15,2 | |
| Praforst | km 18,5 | Paddelteich, Campingplatz, Restaurant |
| Hünfeld | km 21,6 | nach Bundesbahnbrücke gleich rechts abbiegen Richtung Hilders – Tann |
| Nüst | km 22,1 | |
| Mackenzell | km 24,0 | |
| Silges | km 27,0 | gleich die erste Einfahrt nach Silges nehmen und durch den Ort fahren |
| Rimmels | km 28,5 | zwischen Silges und Rimmels kurzer Anstieg von 200 m Länge |
| | km 28,9 | schwerer Anstieg von 200 m Länge, |

| | | |
|---|---|---|
| | | danach geht die Steigung zurück, dann normale Steigung von 2,1 km Länge |
| Allmus | km 33,3 | tolle Abfahrt nach Allmus hinunter |

## Tourteilung 60 km/40 km

| | | |
|---|---|---|
| | | 60-km-Tour links abbiegen Richtung Hofbieber |
| Hofbieber | km 35,1 | in Hofbieber durch den Ort Richtung Langenbieber |
| Langenbieber Kreuzung Kleinsassen | km 37,1 | bei abknickender Vorfahrt links |
| Fohlenweide/Bieberstein | km 38,5 | links abbiegen, ca. 300 m Anstieg Bieberstein |
| Weihershof | km 40,1 | bei km 40,6 rechts abbiegen nach Wittges |
| Wittges | km 41,3 | in Wittges bei km 41,6 Wirtschaftsweg nach Elters benutzen, rechts abbiegen |
| Elters | km 42,6 | rechts abbiegen |
| Matthias-Claudius-Heim | km 44,4 | links nach Schackau abbiegen |
| Schackau | km 45,7 | mittelschwerer Anstieg von 1 km Länge nach Kleinsassen |
| Kleinsassen | km 47,0 | bei km 47,4 schwerer Anstieg von 600 m Länge |
| Sportplatz Kleinsassen | km 48,0 | rechts Richtung Thiergarten fahren |
| Thiergarten | km 50,2 | |
| Abzweig Langenbieber-Armenhof | km 52,3 | links abbiegen |
| Armenhof | km 54,2 | |
| Margretenhaun | km 56,8 | geradeaus Bundesstraße Richtung Petersberg |
| Horwieden | km 58,0 | bei Einfahrt Horwieden rechts abbiegen |
| Stöckels | km 59,0 | Ziel |

## Tour 40 km

| | | |
|---|---|---|
| Allmus | km 33,3 | rechts abbiegen nach Traisbach |
| Mittelberg | km 36,5 | geht es überwiegend bergab |
| Almendorf | km 38,9 | |
| Stöckels | km 40,0 | |

# 22. MTB-Tour zur Enzianhütte

**Streckenverlauf:** Stöckels – Rex – Parkplatz „Saubrücke" – Stellberg – Grabenhöfchen – Weiherberg

**Tourenlänge:** 2 x 21 km
**Schwierigkeitsgrad:** schwer
**Kartenmaterial:** Top. Karte 1:50000 L 5524 Fulda

| | | |
|---|---|---|
| Start in Stöckels bei Radsporthaus Seng | km 0,00 | rechts einbiegen in die Johann-Scheffer-Straße |
| | km 0,50 | Feldweg gabelt sich, halbrechts fahren |
| | km 0,65 | halblinks fahren |
| | km 0,80 | rechts fahren bis an die Autobahn |
| | km 1,00 | dann links zur Landstraße |
| | km 1,25 | Petersberg-Horwieden, Achtung auf Kfz achten, links über die Straße und nach 50 m rechts zum Schuhof einbiegen |
| | km 1,80 | Teerweg rechts fahren |
| | km 1,95 | links durch eine kleine Senke fahren |
| | km 2,30 | Teerweg geht zu Ende, auf dem Schotterweg bleiben, halblinks Richtung Rex fahren |
| | km 3,00 | vorbei am Modellflugplatz |
| Hier hat man einen sehr schönen Blick in die Rhön. | km 3,60 | **Kapelle auf der Anhöhe vor Rex** geteerte Straße durch Rex bis zur Landstraße Margretenhaun–Rex |
| | km 4,30 | gerade über die Straße fahren, Feldweg, kurzer Anstieg |
| | km 4,70 | nach kurzer Abfahrt ganz scharf rechts abbiegen Richtung Dipperz-Mengelsmühle |
| | km 5,20 | links auf den geteerten Weg fahren |
| | km 5,25 | überqueren des Flusses **Wanne** |
| | km 5,45 | Gabelung halbrechts, den mittleren, leicht ansteigenden Weg nehmen |
| | km 5,55 | Teerweg endet, Feldweg geschottert |
| | km 6,35 | bei Einfahrt in den Wald rechte Seite **„Gruppenwasserwerk Vorderrhön 1961"** |
| | km 6,75 | Gabelung im Wald, rechts fahren |
| links sieht man Armenhof liegen | km 7,40 | Wegkreuzung am Ende des Waldes, geradeaus fahren |
| | km 8,00 | rechts halten Richtung Wald |
| | km 8,15 | Gabelung links in den Wald fahren zu den Deichen |
| | km 8,30 | vorbei an den Deichen fahren wir den schmalen Pfad von 150 m Länge rechts am Wald entlang |

| | | |
|---|---|---|
| Auf dem Parkplatz steht eine Hinweistafel, und man kann den weiteren Verlauf der Tour erkennen | km 8,50 | Parkplatz **„Saubrücke“**, nach 300 m Fahrt auf der Landstraße Richtung Langenbieber rechts in den Wald fahren, am Igelbach entlang |
| | km 9,10 | geradeaus Naturweg kurzer, steiler Anstieg 200 m Länge, dann fester Schotterweg, mittlere Steigung |
| | km 11,00 | Steigung nimmt leicht zu |
| | km 11,80 | hier überqueren wir die Straße vom Thiergarten nach Altenrain, im Wald geradeaus fahren, schwere Steigung 500 m lang (Foto S. 31) |
| | km 12,70 | **Achtung:** nach kurzer Abfahrt den Wald rechts verlassen, vorbei an einer **Feldscheune** |
| Herrlicher Blick auf die Milseburg und den Stellberg, über den wir jetzt fahren | km 12,85 | links auf die geteerte Straße Richtung Aussiedlerhof **Guckai** |
| | km 13,80 | rechts auf die Landstraße Richtung Wolferts |
| | km 14,20 | links abbiegen, Schild Bushaltestelle beachten **„Zum Vorder- u. Hinterstellberg“, „Zum Zeltplatz“** |
| | km 16,10 | geschafft, schwere Steigung endet bei der Ruhebank auf der Höhe, Sicht zur Rückseite der Milseburg und Wasserkuppe |
| | km 16,50 | nach kurzer Abfahrt rechts fahren |
| | km 16,70 | Wegkreuzung, geradeaus **„Dr.-Schneider-Rundweg“, „Fuldaer-Haus“** |
| | km 17,10 | links Grabenhof Eselsbrunn **„HWO 3, Europäischer Fernwanderweg Nr. 3“** |
| | km 18,00 | Ziel Enzianhütte erstmals zu sehen |
| | km 19,40 | Grabenhof; bei Bushaltebucht die Bundesstraße überqueren, Wanderweg zur Wasserkuppe bzw. Weiherberg fahren, letzte schwere Steigung 600 m lang |
| bei Ruhebank kurz verweilen und die Sicht zur Wasserkuppe und in die Rhön genießen | km 20,20 | Gabelung des Weges, ganz scharf links abbiegen, erstes Hinweisschild zur **Enzianhütte u. Weiherberg,** 30 m kurzer sehr steiler Anstieg |
| | km 20,35 | halbrechts den Grasweg benutzen, **auf keinen Fall mit dem MTB zum Gipfelkreuz vom Weiherberg fahren** |
| | km 20,70 | links in den Weg zur Enzianhütte fahren |
| | km 21,00 | Ziel Enzianhütte endlich geschafft **Rückfahrt** nach einem Aufenthalt und einer Stärkung in der Enzianhütte, gleicher Weg wie die Auffahrt **Achtung! Unter keinen Umständen den Dr.-Werner-Bluemel-Weg benutzen** |

# 23. Hofbieber – Eckweisbach

**Streckenverlauf:** Hofbieber – Langenbieber – Elters – Langenberg – Obergruben – Eckweisbach – Neuschwambach – Unterrückersbach – Esbachsgraben – Nüsterrasen – Obernüst – Hofbieber
**Tourenlänge:** 38 km
**Schwierigkeitsgrad:** mittel
**Kartenmaterial:** Top. Freizeitkarte Rhön 1:50000

Wir starten in Hofbieber am Gasthof Sondergeld und fahren an der Kirche und am Postamt vorbei nach Langenbieber, wo wir uns gleich links halten und nach einigen hundert Metern am Schwimmbad und am Schloß Bieberstein vorbeikommen. An der Kreuzung zur Fohlenweide geht es geradeaus weiter; kurz darauf biegen wir auf der Straßenkuppe links ab und gelangen nach dem Überqueren der Bahngleise auf ein schmales Sträßchen, das nach Elters führt und von dem aus man einen herrlichen Blick auf die Milseburg hat. In Elters bleiben wir auf der Hauptstraße, halten uns in Richtung Schwarzbach und fahren am Ortsausgang rechts über den Hahnershof nach Langenberg. Weiter geht es auf einer sehr schönen wenig befahrenen, kurvenreichen Strecke über Obergruben nach Eckweisbach, wo wir den zweiten Weg auf der linken Seite einschlagen und über Neuschwambach und Unterrückersbach nach Esbachsgraben radeln. An der Kreuzung in Esbachsgraben biegen wir links ab und fahren über Nüsterrasen und Obernüst, vorbei an Schwarzbach und am Weiherhof, zurück nach Hofbieber.

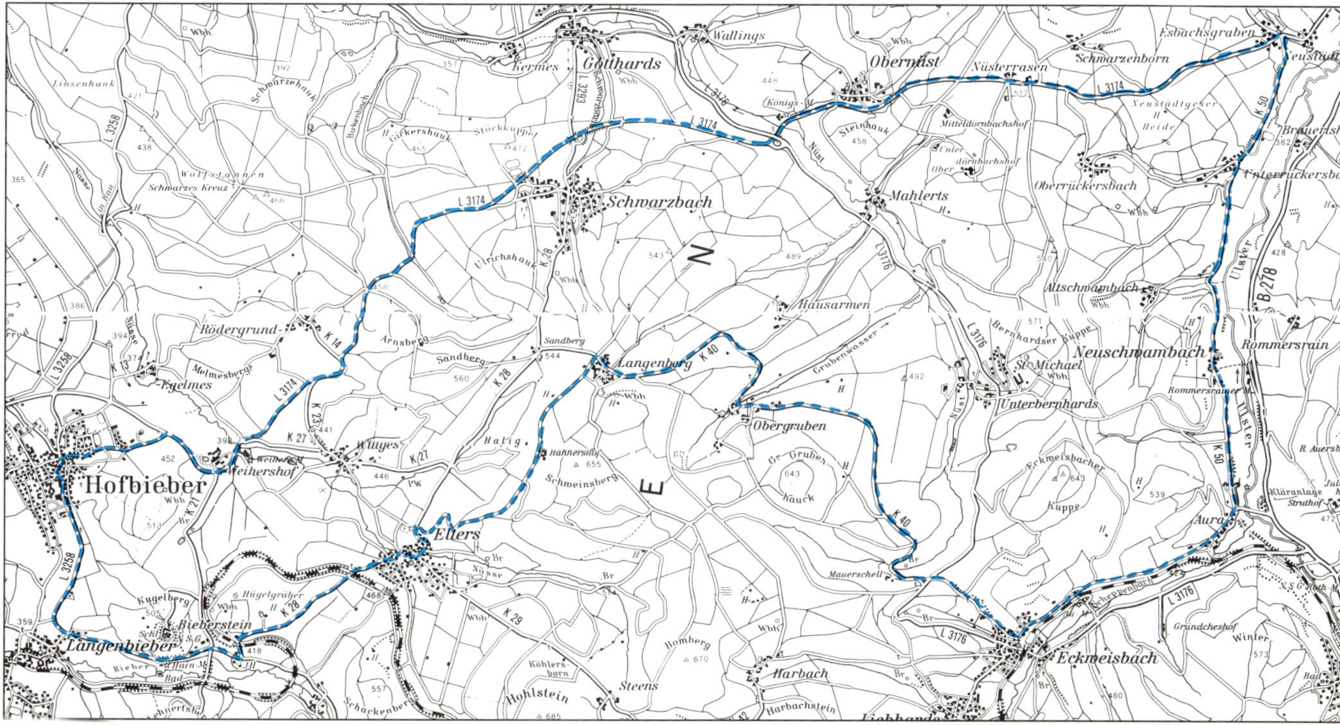

Hofbieber
Langenbieber
Bieberstein
Kugelberg
Egelmes
Melmesberg
Rödergrund-
Weihershof
Wiluges
Elters
Sandberg
Arnsberg
Langenberg
Hannershof
Schweinsberg
Halig
Obergruben
Gr. Grubenhauck
Grubenwasser
Hausarmen
Schwarzbach
Gotthards
Kermes
Wallings
Obernüst
Nüsterrasen
Schwarzenborn
Esbachsgraben
Mahlerts
Steinhauk
Mitteldörnbachshof
Oberrückersbach
Unterrückersbach
Altschwambach
Neuschwambach
St. Michael
Unterbernhards
Bernhardser Kuppe
Rommersrain
Eckweisbacher Kuppe
Aura
Eckweisbach
Mauerschell
Harbach
Harbachstein
Bomberg
Steens
Hohlstein
Köhlersborn
Hügelgräber
Linsenhauk
Schwarzehauk
Wolfstannen
Schwarzes Kreuz
Stockkuppe
Ulrichshauk
Gründcheshof
Winter
Kläranlage
Struthof
Ulster
Nüst
Nüsse
Bieber
L 3174
L 3176
L 3258
L 3293
K 28
K 40
K 50
K 27
K 23
K 14
K 13
K 29
K 21
B 278
N
E

# 24. Durch das „Hessische Kegelspiel"

| | |
|---|---|
| **Streckenverlauf:** Eiterfeld – Burghaun – Hünfeld – Nüsttal – Rasdorf – Eiterfeld | **Schwierigkeitsgrad:** mittelschwer |
| **Tourenlänge:** ca. 70 km/50 km | **Kartenmaterial:** Top. Freizeitkarte Rhön 1:50000 |

Eine 70 km lange Rundtour führt durch das „Hessische Kegelspiel". Immer wieder bietet sich hier ein phantastischer Blick auf die neun wie Kegel aneinandergereihten Berge, die diesem Landschaftsbereich der Vorderrhön seinen Namen gaben. Es kann auch eine kürzere Tour (50 km) gewählt werden.
Wir beginnen unsere Radwandertour durch das Hessische Kegelspiel in der Ortsmitte von Eiterfeld an der katholischen Kirche St. Georg, einem stattlichen Barockbau aus den Jahren 1730/31, erbaut vom Hofbauinspektor Andreas Gallasini.
Von der Kirche fahren wir rechts ab in Richtung Arzell. In Arzell können wir uns entscheiden, ob wir zusätzlich den Umweg über Buchenau in Kauf nehmen, um die dortige Schloßanlage zu besichtigen. Ansonsten führt der Weg nun über gemeindliche Verbindungswege nach Giesenhain. Dort, wo der Verbindungsweg auf die Kreisstraße 152 trifft, biegen wir links ab und fahren weiter Richtung Dittlofrod. Von dort gelangen wir über den gemeindlichen Verbindungsweg in den Ortsteil Steinbach der Gemeinde Burghaun. Heimische Gastronomie und vielfältige, insbesondere sportliche Freizeiteinrichtungen sind hier vorhanden. Durch die Flurgemarkung führt nun der Weg über die „Sennhütte" zur alten B 27, die heute für den Fahrzeugverkehr gesperrt ist. Eine Sitzgruppe an dem alten „Salzborn", die sogenannte „Najade" aus dem Jahre 1600, lädt zum Verweilen ein. Die oberhalb des Friedhofs Rothenkirchen liegende, schon von

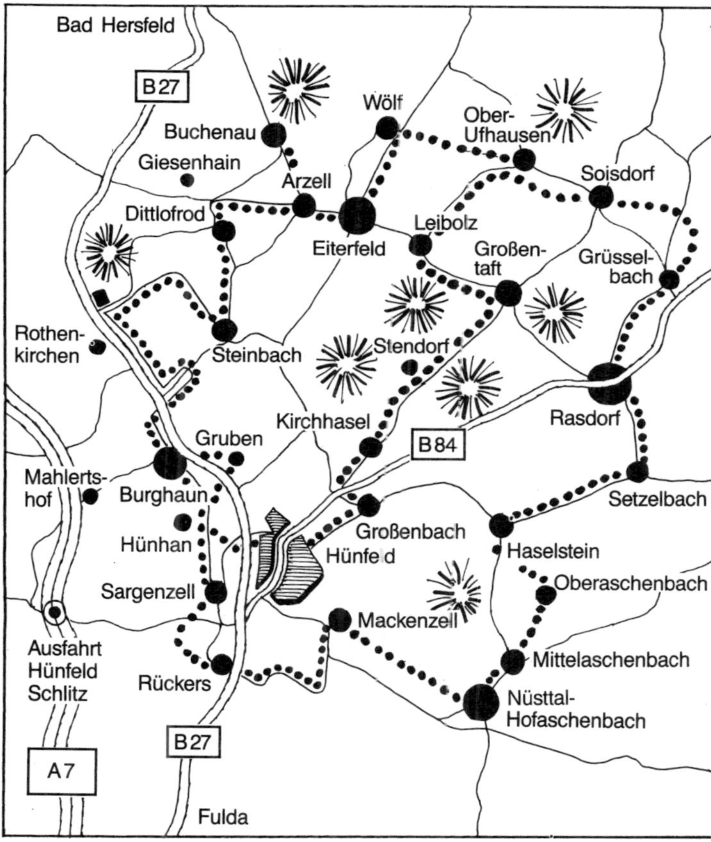


weitem sichtbare Markuskapelle, in der einst Martin Luther gepredigt haben soll, weist den weiteren Weg am Ort Rothenkirchen vorbei nach Burghaun. In Burghaun lohnt sich eine längere Unterbrechung der Tour. Die nebeneinanderstehenden katholische (Baujahr 1720) und evangelische (Baujahr 1728) Barockkirchen sind die Wahrzeichen der Gemeinde. Eingebettet zwischen den Kirchen steht das „Torhaus", das älteste Gebäude der Gemeinde aus dem Jahre 1400. Es bildete früher den Zugang nach Burghaun. Dahinter stehen die „Sachsenhäuser" in

der damals typischen Bauart. Das Museum im Herrenhaus als Teil der Schloßanlage läßt Vergessenes wieder wach werden. Nur ein paar hundert Meter vom Ortskern Richtung Mahlertshof entfernt kommt man zum „Aussichtsfenster" des Hessischen Kegelspiels. Alle neun Berge dieser Mittelgebirgslandschaft, die ihr auch den Namen gaben, stehen wir Kegel im Panorama. Zurück nach Burghaun erreicht der Radfahrer über Gruben auf der wenig befahrenen Kreisstraße 141 den Ortsteil Hünhan, in dem sich als Besonderheit die katholische Kirche mit kreuzförmigem Grundriß im Stil der nachgeahmten Gotik befindet. Sie stammt aus dem Jahre 1891 und besitzt eine einzigartige Kirchenausmalung, die zum größten Teil noch in den Originalfarben erhalten ist. Zwischen Hünhan und Burghaun liegt die Naherholungsanlage „Am Weiher" – für eine Erholungspause wie geschaffen. Unverdrossene haben hier ausreichend Gelegenheit, sich durch sportliche Betätigung fit zu halten: Wassertreten nach Kneipp, Ruder- bzw. Tretbootfahren, Minigolf, Mühle/Schach und Tischtennis für Erwachsene, ein großer Kinderspielplatz für die Kleinen sowie ein Grillplatz sorgen für Kurzweil.
Dann geht es zurück nach Hünhan. Von dort erreichen wir über einen gut ausgebauten Gemeindeweg die alte Hünfelder Ziegelei, an der unsere Kurztour geradeaus weiterführt.

**Kurztour**

An der Mariengrotte vorbei, die Hauptverkehrswege des Haunetals querend, radeln wir auf der K 121 in die Hünfelder Innenstadt. Dort bieten das Museum Modern Art, das Kreis- und Stadtgeschichtliche Museum mit Konrad-Zuse-Sammlung sowie eine Vielzahl von Freizeiteinrichtungen dem Besucher reichhaltige Möglichkeiten zum Verweilen.
Wir verlassen die K 121 in Höhe des Hünfelder Klosters und nehmen unseren Weg über gut ausgebaute Radwege im Hünfelder Bürgerpark und in der Freizeitanlage Haselgrund. Von dort er-

reichen wir über die K 122 den Hünfelder Stadtteil Großenbach. Hier biegen wir an der Kirche nach links ab, um nach ca. 200 m die Landstraße zu verlassen und über einen Nebenweg den Hünfelder Stadtteil Kirchhasel anzufahren.

Dort führt unser Weg über die K 132 in den kleinsten Stadtteil von Hünfeld, Stendorf, der umgeben ist von Wisselsberg, Rückersberg, Appelsberg und Stallberg. Zwischen Stallberg und Appelsberg verlassen wir die Gemarkung Hünfeld in Richtung Großentaft. Vom Waldrand haben wir einen guten Ausblick auf den nördlichen Teil des Hessischen Kegelspiels mit der vorgelagerten Schichtstufenlandschaft um Eiterfeld.

In der Ortsmitte von Großentaft biegen wir links ab und erreichen über die L 3170 Leibolz. Sehenswert sind in diesem Ort die einzigartige Basaltsteinkirche und die Kreuzigungsgruppe in der Großentafter Straße. Über die Kreisstraße 147, die geradewegs nach Ufhausen und damit zurück auf den Weg der großen Tour führt, radeln wir weiter.

Haben wir uns an der Hünfelder Ziegelei für die große Radrundfahrt entschieden, so biegen wir dort nach rechts ab und erreichen nach zwei Kilometern die K 140, die uns nach Sargenzell führt. In der alten Kirche sind oft Ausstellungen mit christlicher Brauchtumspflege zu bewundern.

Nach weiteren zwei Kilometern sind wir im Naherholungsgebiet Praforst mit einem umfangreichen Angebot für aktive Freizeitgestaltung, wie z. B. Bootsvermietung, Minigolfanlage und Trimm-dich-Pfad, aber auch die Möglichkeit, beim Angeln, Spazierengehen oder der Einkehr zu entspannen.

Wir radeln in Richtung Leimbachshöfe und kommen zwischen Ober- und Unterleimbachshof auf die K 133, der wir in Richtung Osten, Rückers durchquerend, bis zur K 12 folgen. Auf dieser Straße fahren wir dann bis zum Dammersbacher Forsthaus, wo wir links abbiegen und dem Weg über die Herrenmühle nach Mackenzell folgen. Diese Strecke bietet eine herrliche Aussicht auf die Basaltkegel Stoppelsberg, Wisselsberg, Appelsberg und Stallberg. In Mackenzell führt unser Weg an der bekannten

Wasserschloßanlage vorbei zur Wüstung Weißenborn, an die lediglich noch eine Kapelle erinnert. Die Ursprünge dieser Friedhofskapelle reichen mehr als 1000 Jahre zurück. Über Gemeindestraßen gelangen wir zu einem 150 Jahre alten Bildstock, der an der Einmündung des Weges auf die Landstraße nach Hofaschenbach steht, die wir nun befahren. Die Pfarrkirche inmitten eines früheren Wehrfriedhofes, die noch die Umfassungsmauern der mittelalterlichen Anlage erkennen läßt, lohnt einen Abstecher nach Hofaschenbach.
Wir verlassen Hofaschenbach über den separaten Radweg am Ortsausgang in Richtung Mittelaschenbach. Nach ca. einem Ki-

lometer erreichen wir den kleinen Ort, in dem ein Brunnen mit frischem Quellwasser zu einer Pause einlädt. Über das nur 70 Einwohner zählende Dorf Oberaschenbach fahren wir auf dem Präsidentenweg, einem gut ausgebauten Wirtschaftsweg, in Richtung Haselstein.

Einige hundert Meter vor Haselstein führt der Streckenverlauf wieder auf die Landstraße und leitet uns durch den Ort auf eine Anhöhe, die eine prächtige Sicht auf den 483 Meter hohen Basalthügel Haselstein bietet. Über die nur wenig befahrene Kreisstraße 124 führt unser Weg weiter in Richtung Setzelbach. Beim Karnhof biegen wir rechts auf einen Wirtschaftsweg. Nach ca. einem Kilometer Entfernung bietet sich ein herrlicher Ausblick auf die thüringische Rhön. Durch den Ort Setzelbach erreichen wir über einen Wirtschaftsweg Rasdorf. Die stark befahrene B 84 überquerend, liegt das Wahrzeichen des Ortes – die Stiftskirche – vor uns. Hessens größter Dorfanger und der besterhaltene Wehrfriedhof des Landes sind die Hauptattraktionen der kleinsten Gemeinde des Landkreises Fulda.

Dann setzen wir unsere Radtour über das Naherholungsgebiet „Bornmühle" in Richtung Grüsselbach fort. In der Ortsmitte von Grüsselbach biegen wir links ab und folgen auf einem Wirtschaftsweg dem Bächlein Grüsselbach bis zu dessen Mündung und biegen hier links ab Richtung Soisdorf, das über die einzige Wehrfriedhofsanlage mit Kirche im Landkreis verfügt. Den Ort in Richtung Ufhausen verlassend, erhebt sich rechts unseres Weges der König des Hessischen Kegelspiels, der Soisberg (630 m). Von Ufhausen folgen wir dem Wirtschaftsweg nach Wölf. Linker Hand von uns erhebt sich die Burg Fürsteneck, eine Grenzbefestigungsanlage aus dem 14. Jahrhundert, die heute als hessische Heimvolkshochschule genutzt wird. Diese Burg ist unser nächstes Ziel.

Über Fürsteneck fahren wir bergab, vorbei an den Sport- und Freizeitanlagen sowie dem Badepark mit zahlreichen Attraktionen, zum Ausgangspunkt unserer Tour nach Eiterfeld zurück.

# 25. Durch die Vorderrhön

| | |
|---|---|
| **Streckenverlauf:** Hünfeld – Dammersbach – Rimmels – Mittelaschenbach – Haselstein – Großenbach – Hünfeld<br>**Sehenswürdigkeiten:** Stadt- und Kreisgeschichtliches Museum Hünfeld, Museum Modern Art, Wasserschloß Mackenzell, Burgruine Haselstein | **Tourenlänge:** ca. 35 km<br>**Höhenunterschied:** max. 200 m<br>**Schwierigkeitsgrad:** schwer<br>**Kartenmaterial:** Top. Freizeitkarte Rhön 1:50000 |

Ausgangspunkt unserer Radtour durch die Vorderrhön ist der Rathausplatz in Hünfeld. Durch die verkehrsberuhigte Innenstadt führt unser Weg in den Stadtteil Mackenzell. Hier biegen wir rechts ab, überqueren die Landesstraße 3176 und radeln entlang des Dammersbaches durch den gleichnamigen Ort in Richtung Schlagberg. Den 420 m hohen Berg umfahren wir rechts, erreichen nach wenigen 100 m Silges und biegen dort wiederum nach rechts ab in Richtung Rimmels. Gerade durch den Ort führt unser Weg entlang des Bächleins Nüst bis zum Parkplatz Weinberg. Hier überqueren wir wieder die Kreisstraße und fahren durch ein Waldstück ein kurzes Stück entlang der ehemaligen deutsch-deutschen Grenze nach Mittelaschenbach, wo ein Brunnen mit frischem Quellwasser zu einer Pause einlädt.

Über das nur 70 Einwohner zählende Dorf Oberaschenbach fahren wir auf dem Präsidentenweg, einem gut ausgebauten Wirtschaftsweg, in Richtung Haselstein. Hier wanderte der ehemalige Bundespräsident Karl Carstens 1980 auf seinem Weg von der Nordsee zu den Alpen. Einige hundert Meter vor Haselstein führt der Streckenverlauf wieder auf die Landstraße und leitet uns durch den Ort auf eine Anhöhe, die eine prächtige Sicht auf den 483 m hohen Basaltküppel Haselstein bietet. Von Haselstein aus folgen wir nun der Kreisstraße 122 über Großenbach bis kurz vor Hünfeld. Dort biegen wir rechts ab auf einen Seitenweg, der uns über den Bürgerpark mit seinen vielfältigen Freizeiteinrichtungen zurück zum Ausgangspunkt führt.

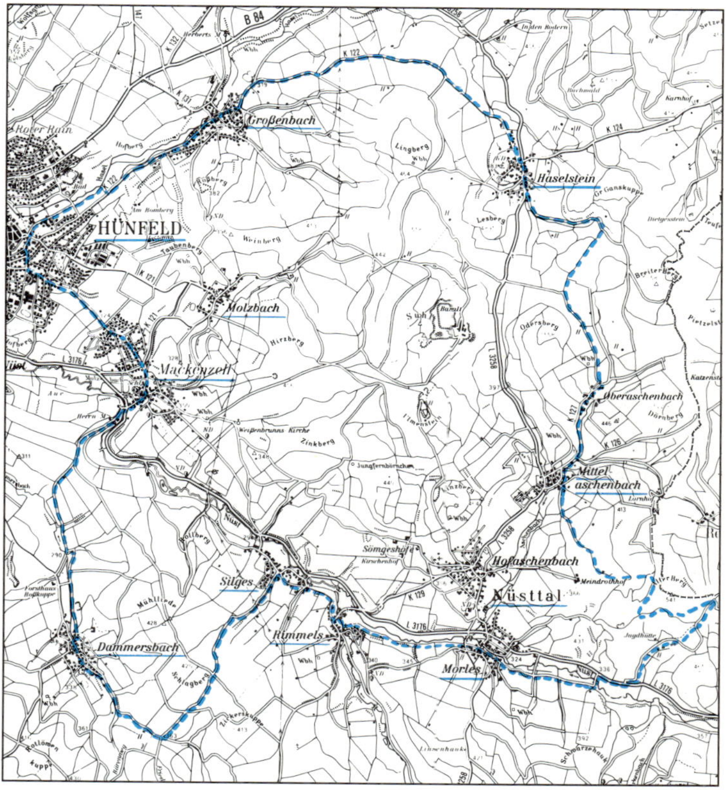

# 26. Vom Rasdorfer Berg zum Bächlein Taft

**Streckenverlauf:** Rasdorf – Grüsselbach – Soisdorf – Treischfeld – Großentaft – Rasdorf
**Sehenswürdigkeiten:** Wehrfriedhof Soisdorf, Gehilfersbergkapelle – Stiftskirche Rasdorf – größter Dorfanger Hessens
**Tourenlänge:** ca. 16 km
**Höhenunterschied:** max. 100 m
**Schwierigkeitsgrad:** leicht
**Kartenmaterial:** Top. Freizeitkarte Rhön 1:50000

Wir verlassen Rasdorf in Richtung Geisa und radeln nahe der ehemaligen deutsch-deutschen Grenze. Vom Rasdorfer Berg bietet sich ein weiter Blick in das Geisaer Land. Bei guter Sicht kann man von hier die Ausläufer des Thüringer Waldes erkennen. Über den „Hessengraben" gelangen wir nach Grüsselbach. Von hier geht es an der Buchenmühle vorbei ins Sauertal nach

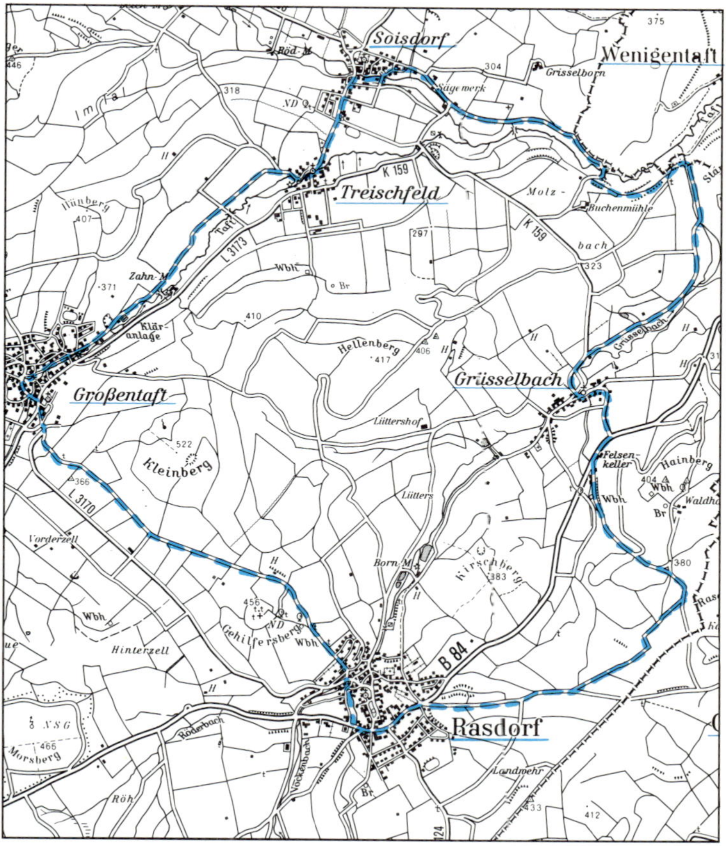


Soisdorf. Bei einer kurzen Rast können wir hier die Wehrfriedhofsanlage mit Kirche besichtigen.

Durch Treischfeld, entlang dem kleinen Bach Taft, radeln wir nach Großentaft. Nun geht es aufwärts vorbei an den Bergen des Hessischen Kegelspiels zurück nach Rasdorf. Von dort ist ein kurzer Abstecher zum Gehilfersberg, einem Wallfahrtsort mit einer kleinen Kapelle, zu empfehlen.

Unsere Radtour endet in Rasdorf mit einem Besuch der Stiftskirche, des Wehrfriedhofes und des größten Dorfangers Hessens.

# 27. Rund um Eiterfeld

| | |
|---|---|
| **Streckenverlauf:** Eiterfeld – Großentaft – Soisdorf – Ufhausen – Eiterfeld | **Tourenlänge:** ca. 19 km |
| **Sehenswürdigkeiten:** Pfarrkirche Eiterfeld, Wehrfriedhof Soisdorf, Burg Fürsteneck | **Höhenunterschied:** max. 100 m |
| | **Schwierigkeitsgrad:** mittelschwer |
| | **Kartenmaterial:** Top. Freizeitkarte Rhön 1:50000 |

Unsere Radtour beginnt am Busbahnhof in Eiterfeld. Von hier führt uns der Weg über die Landesstraße bis zum Ortsteil Leimbach. Dort biegen wir in die erste Seitenstraße nach links und wenden uns an der nächsten Kreuzung erneut nach links. Auf dieser Straße gelangen wir zu einem geteerten Verbindungsweg, der uns um den Lichtberg herum zur Kreisstraße 147 führt. Dieser folgen wir nach Leibolz und von dort nach Großentaft, wo wir links in die Ellerstraße abbiegen. Geradeaus auf einem Verbindungsweg geht's nach Treischfeld. Nun nehmen wir die Landesstraße nach Soisdorf, das über die einzige Wehrfriedhofsanlage mit Kirche im Landkreis verfügt.

Auf unserem weiteren Weg nach Ufhausen sehen wir rechts den Soisberg (630 m), den „König" des Hessischen Kegelspiels. Von Ufhausen folgen wir dem Wirtschaftsweg Richtung Wölf, bis wir zur Landesstraße 3171 gelangen. Hier biegen wir links ab zur Burg Fürsteneck. Die Grenzbefestigungsanlage aus dem 14. Jh. wird heute als hessische Heimvolkshochschule genutzt. Nun geht es bergab, vorbei an den Sport- und Freizeitanlagen „Am Hain". Hier können wir uns im Badepark eine kühle Erfrischung gönnen, ehe wir zum Ausgangspunkt zurückgelangen.

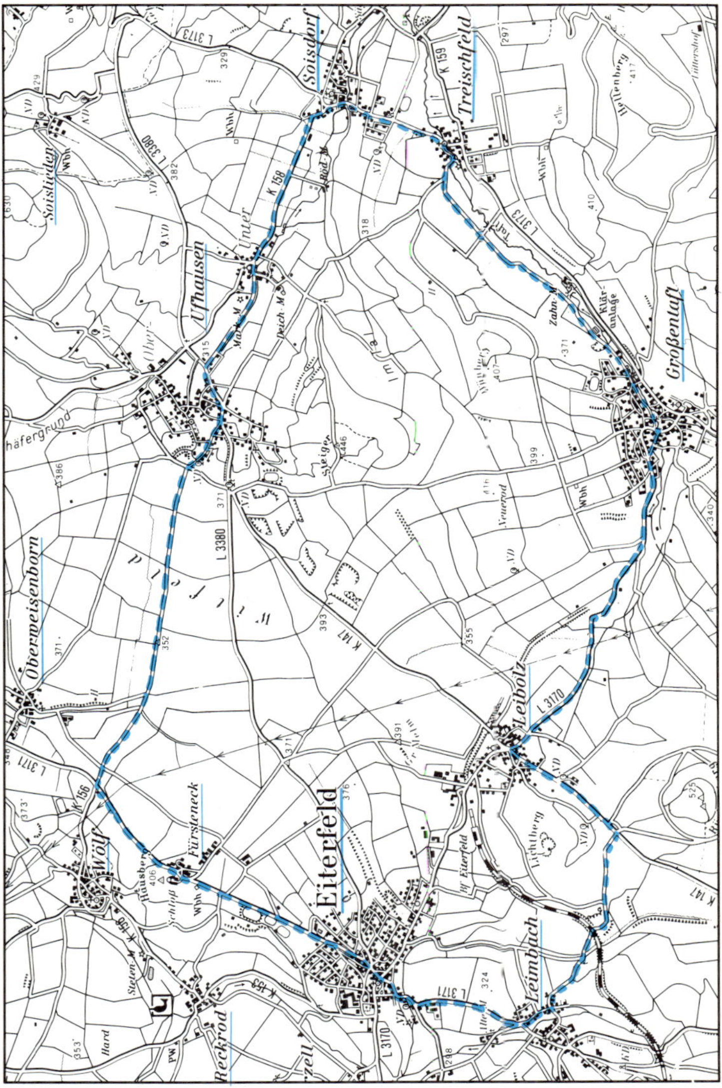
Soisdorf
Treischfeld
Soislieden
Ufhausen
Großentaft
Oberweisenborn
Leibolz
Eiterfeld
Fürsteneck
Wölf
Leimbach
Reckrod
Lichtberg
Neuerod
Hausberg
Schloß
L 3173
L 3380
K 158
K 159
K 147
L 3170
L 3171
K 156
K 153

# 28. Historisches rund um Burghaun

**Streckenverlauf:** Burghaun – Langenschwarz – Rothenkirchen – Steinbach – Burghaun
**Sehenswürdigkeiten:** Torhaus Burghaun, kath. und evang. Barockkirche Burghaun, kath. Kirche Langenschwarz und Hünhan, Markuskapelle, Burgruine Hauneck, Bildstöcke
**Tourenlänge:** 30 km
**Höhenunterschied:** max. 110 m
**Schwierigkeitsgrad:** mittelschwer
**Kartenmaterial:** Top. Freizeitkarte Rhön 1:50000

Ausgangspunkt für die Radwandertour durch die Großgemeinde Burghaun ist das neu eingerichtete Informationszentrum Ecke Bahnhofstraße/Schloßstraße. Die Schloßanlage mit Herrenhaus, in dem sich ein Bildermuseum befindet, ist die erste Station. Die das Schloßareal umgebende Parkanlage mit Teich und Abenteuerspielplatz lädt zu einer Rast ein. Die Schloßstraße, die in die Moorstraße einmündet, weist auch die weitere Richtung. Nach nur ein paar hundert Metern vom Ortskern in Richtung Mahlertshof erreicht man das „Aussichtsfenster" des Hess. Kegelspiels. Alle neun Berge dieser Mittelgebirgslandschaft, die ihr auch den Namen gaben, stehen hier von links nach rechts im Panorama: Lichtberg, Wisselsberg, Rückersberg, Appelsberg, Soisberg, Stallberg, Kleinberg, Morsberg und Hübelsberg. Der Stoppelsberg bildet die Kegelkugel. Vorbei am Modellflugplatz kommt der Radwanderer über den Weiler „Mahlertshof" zum Ortsteil Schlotzau, der noch überwiegend landwirtschaftlich geprägt ist. Großenmoor, weitere Station der Rundfahrt, liegt unmittelbar am Naturschutzgebiet „Großes Moor". Vor der Weiterfahrt nach Hechelmannskirchen lohnt sich eine Moorumfahrt auf einem geteerten Feldweg. Hechelmannskirchen, kleinster Ortsteil im „Kiebitzgrund", ist schnell durchfahren. Nach kurzer Fahrstrecke ist der Ortsteil Langenschwarz in Sicht. Das großzü-

uvex
uvex

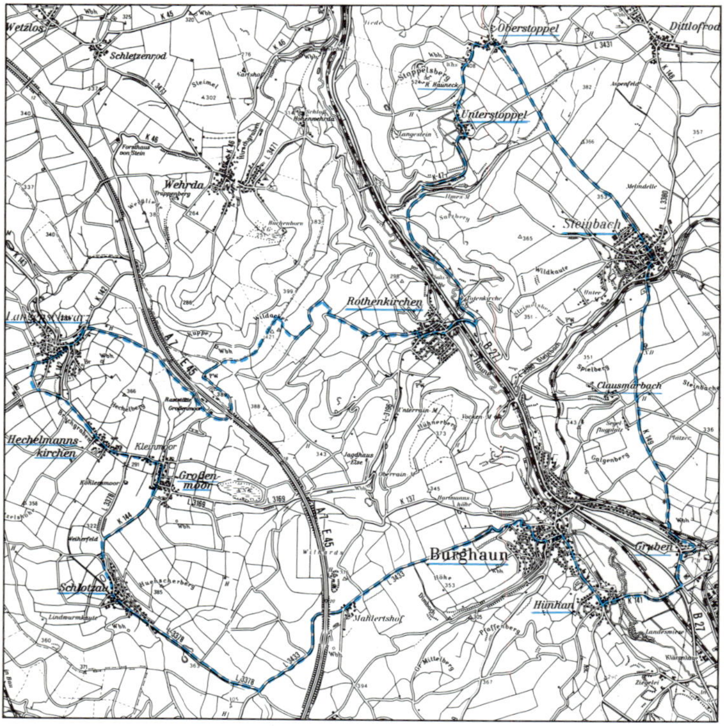


gige Dorfgemeinschaftshaus bildet den Ortsmittelpunkt. Im „Alten Schloß" ist die katholische Kirche untergebracht, das als alter Fachwerkbau die Blicke der Besucher auf sich zieht. Die gepflegte Freizeitanlage mit Grillplatz im „Schwarzbachtal", ca. 1 km vom Ortsrand entfernt, lädt zu einem geruhsamen Stündchen ein. Danach führt der Weg in Richtung Wehrda zur Autobahnraststätte Großenmoor, wo die Autobahn unter einer Brücke gekreuzt wird. Entlang der Gemarkungsgrenze kommt man über den am „Hessenweg" gelegenen tiefsten Punkt der Gemeinde, zum Ortsteil Rothenkirchen, dessen Wahrzeichen, die „Markuskapelle", schon von weitem zu erkennen ist. Hier soll Martin Luther einst gepredigt haben. Der „Salzborn" aus dem Jahre 1600 lädt mit seinen Tischen und Bänken zum Verweilen ein. Der Weg ab der „Sennhütte" führt über Unter- und Oberstoppel zum Stoppelsberg mit der restaurierten Burgruine „Hauneck", von wo aus man einen herrlichen Blick in das Haunetal, das Hess. Kegelspiel sowie die Rhön genießen kann. Über einen malerischen Panoramaweg von Oberstoppel aus geht die Fahrt in Richtung Ortsteil Steinbach, von dort zum „Plätzer" mit dem Segel- und Motorfluggelände. Entlang der K141, durch den sogenannten Bahngraben, läuft nun der Radweg über Gruben und das Hünhaner Kreuz nach Hünhan mit der kreuzförmigen katholischen Kirche im Stil der nachgeahmten Gotik. Sie stammt aus dem Jahre 1891 und besitzt eine einzigartige Kirchenausmalung, die Fachleute aus ganz Deutschland anzieht. Unmittelbar daran schließt sich die Naherholungsanlage „Weiher" mit Tret- und Ruderbooten, Minigolf-, Schach-, Tischtennis- und Wassertretanlagen. Nun fährt man in Burghaun ein. Die katholische (1720) und evangelische (Baujahr 1728) Barockkirche bilden nebeneinanderliegend zusammen mit dem Torhaus aus dem Jahre 1400 das Wahrzeichen der Gemeinde. Dahinter stehen die „Sachsenhäuser" in der damals typischen Bauart. Neben den bereits erwähnten Sehenswürdigkeiten sind entlang der Route zahlreiche Naturdenkmäler in Form von Bildstöcken, Steinkreuzen, Heiligenhäuschen und alten Bäumen zu bewundern.

# 29. Vom Haunesee zur Praforst

**Streckenverlauf:** Haunesee – Rückers – Praforst – Haunesee
**Tourenlänge:** ca. 13 km
**Höhenunterschied:** max. 20 m
**Schwierigkeitsgrad:** leicht
**Kartenmaterial:** Top. Freizeitkarte Rhön 1:50000

Gleich zwei Naherholungsgebiete – den Haunestausee und die Praforst – lernen die Radwanderer auf dieser Tour kennen. Ausgangspunkt ist der Parkplatz Haunestausee. Wir radeln rechts vor der Staumauer auf dem unteren Rundweg entlang des Sees bis zum Bootssteg, überqueren die Brücken und folgen unterhalb der Zellmühle unserem Weg entlang dem See. Bei der Fahrt um den Haunestausee kommen wir durch ein Gebiet, das dem Naturschutz vorbehalten ist. Bei einer kleinen Rast können wir aus einiger Entfernung das rege Tierleben in diesem Teil des Seegeländes beobachten.
Hinter der Schranke am See geht es links ab, dann vor dem alten Grubenhof wiederum links über die Haunebrücke. Im Wald halten wir uns links und bleiben auf dem markierten Wanderweg 11 bis Rückers. Nach unserer Fahrt durch das idyllische Waldstück haben wir einen wunderbaren Blick auf das Hessische Kegelspiel.
In Rückers biegen wir in der Dorfmitte an der Kirche links ab in Richtung Leimbachshöfe. Auf einem Feldweg erreichen wir die „Praforst". An den Teichen und der Minigolfanlage bietet sich eine längere Rast an. Über den Campingplatz erreichen wir den Wanderweg 13, der uns durch ein herrliches Waldgebiet nach Marbach zurückführt.

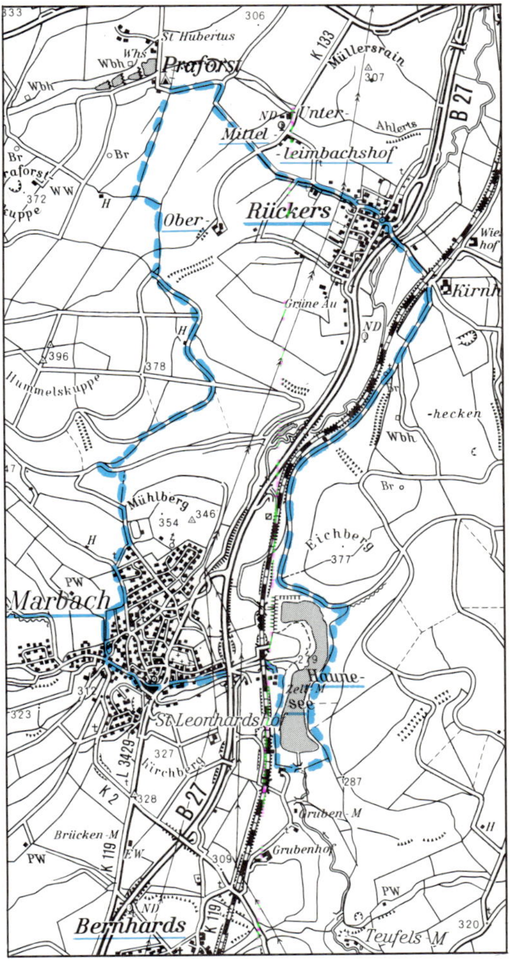

Praforst
St Hubertus
Müllersrain
Unter-
Mittel-
-leimbachshof
Ober-
Rückers
Kirnh
Hummelskuppe
Mühlberg
Eichberg
-hecken
Marbach
Haune-
see
St Leonhardshof
Kirchberg
Brücken-M
Gruben-M
Grubenhof
Bernhards
Teufels-M
B 27
K 133
K 119
L 3429

# 30. Im Tal der Fulda

| | |
|---|---|
| **Streckenverlauf:** Fulda – Gläserzell – Kämmerzell – Lüdermünd – Horas – Fulda<br>**Sehenswürdigkeiten:**<br>Dom, Michaelskirche, Stadtschloß, Barockviertel, Altstadt, Vonderaumuseum mit Planetarium, Deutsches Feuerwehrmuseum | **Tourenlänge:** 26 km<br>**Höhenunterschied:** max. 50 m<br>**Schwierigkeitsgrad:** sehr leicht<br>**Kartenmaterial:** Top. Freizeitkarte Rhön 1:50000 |

Start unserer Radtour ist der Aueweiher in Fulda, der als Naherholungsgebiet ausgeschildert ist. Dort können wir anhand einer Wandertafel nochmals den genauen Verlauf der Route ersehen. Der Weg führt von hier entlang der Fulda bis zur Wiesenmühle. Die Wiesenmühle ist eine Mühle aus dem 14. Jhdt. mit Europas größtem Mühlrad. Von hier aus können wir mit dem Fahrrad einen Abstecher in das Barockviertel (entlang der Wiesenmühlenstraße) machen und Dom, Michaelskirche und Stadtschloß besichtigen. Fahrradständer sind vor dem Stadtschloß aufgestellt. Zurück zu der Ausgangsstrecke führt der Weg durch die „Tränke", einem der ältesten Stadtviertel Fuldas. Hier sind jetzt schon umfangreiche Arbeiten für die 1. Hessische Landesgartenschau, die vom 29. 4. bis 3. 10. 1994 in Fulda stattfindet, abgeschlossen, und wir können diese schon besichtigen. Der Weg führt von hier entlang der Fulda bis zum nördlichsten Stadtteil Lüdermünd und wieder zurück. Da er zum großen Teil über Feldwege und stellenweise nahe der Fulda verläuft, muß besonders zwischen den Stadtteilen Gläserzell und Lüdermünd mit hochwasserbedingten Auswaschungen gerechnet werden.
An allen markierten Stellen entlang des Weges stehen Wandertafeln, auf denen der Streckenverlauf eingezeichnet ist.

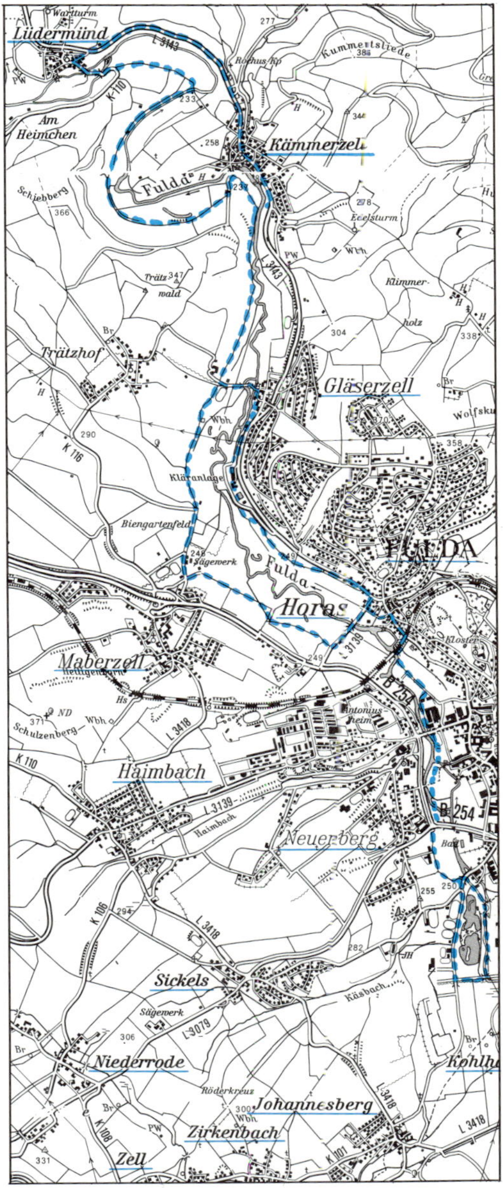
Wartturm
Lüdermünd
L 3143
277
Kummertslieде
Rochus Kp
K 110
Am
Heimchen
Kämmerzell
Fulda
Schiebberg
366
Eichelsturm
Trätz 347
wald
Klimmer-
holz
304
338
Trätzhof
Gläserzell
290
K 116
Kläranlage
Biengartenfeld
358
FULDA
Sägewerk
Fulda
Horas
L 3139
Maberzell
B 254
Antonius-
heim
Schulzenberg
L 3418
K 110
Haimbach
L 3139
Haimbach
Neuenberg
B 254
K 106
L 3418
Sickels
Käsbach
Sägewerk
L 3079
306
Niederrode
Kohlh
Röderkreuz
Johannesberg
Zirkenbach
K 108
Zell
K 101
L 3418
331

# 31. In die mittelalterliche Burgenstadt Schlitz

| | |
|---|---|
| **Streckenverlauf:** Bad Salzschlirf – Ützhausen – Schlitz – Bad Salzschlirf<br>**Sehenswürdigkeiten:** Kurpark, historische Altstadt Schlitz | **Tourenlänge:** 19 km<br>**Höhenunterschied:** max. 50 m<br>**Schwierigkeitsgrad:** leicht<br>**Kartenmaterial:** Top. Karte Lauterbach 1:50000 |

Ausgangspunkt der Tour ist die Brückenstraße in Bad Salzschlirf. Am alten Sportplatz und der Kläranlage vorbei, halten wir uns rechts der stillgelegten Bahnstrecke auf einem Wiesenweg. Über die Schlitzerbrücke geht es dann durch den Wiesengrund nach Ützhausen. Hier überqueren wir die Landesstraße und fahren auf dem Stadtweg hinter der Hehrmühle entlang nach Bernshausen. In Bernshausen rechts abbiegen und gleich wieder links am Dorfgemeinschaftshaus vorbei. Anschließend geradeaus auf

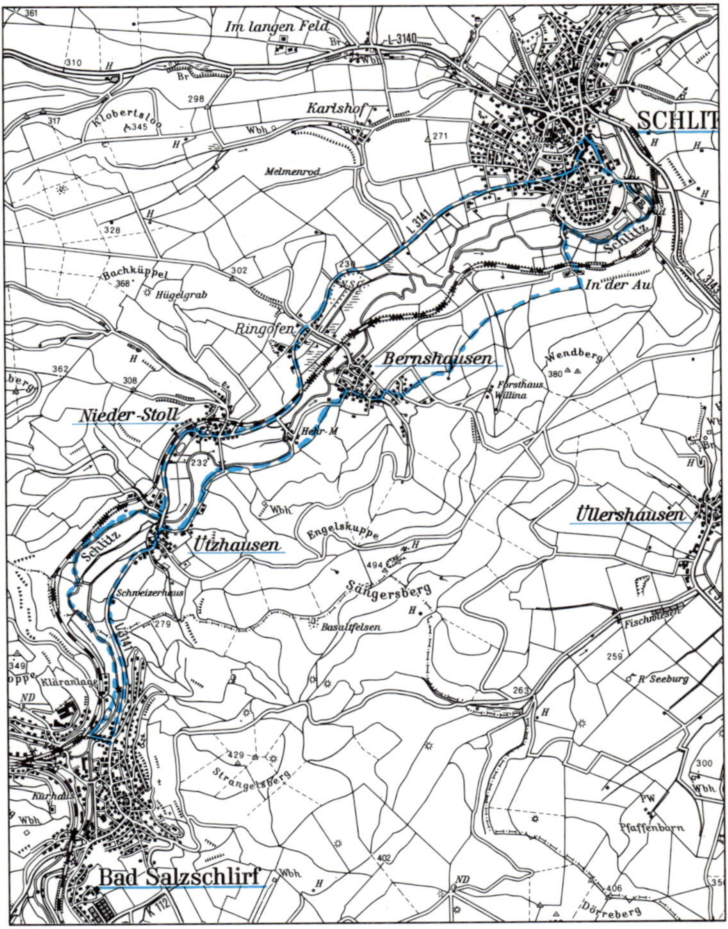


einem ausgebauten Wirtschaftsweg über die stillgelegte Bahnstrecke zur Schlitzerbrücke. 100 m dahinter biegen wir rechts ab zum Schlitzer Freibad.

Nun geht es hinein in das mittelalterliche Schlitz. Durch das Parktor fahren wir in den Schloßpark (hier ist das Radfahren erlaubt), an der Hallenburg vorbei und durch das zweite Parktor wieder

hinaus. Nach 100 m biegen wir links am Hintergarten ab, vorbei zur Bahnhofstraße über die Fußgängerampel hoch zum Burgenring. Nun ist es am besten, das Fahrrad einmal abzustellen und sich Zeit zu nehmen für einen Bummel durch den historischen Ortskern.
Den Rückweg treten wir durch das Untertor am Marktplatz an. Über die Treppenstraße, an der Brauerei vorbei, fahren wir zur Hauptstraße, dann rechts zum Ortsausgang Schlitz. Anschließend kehren wir über die Landstraße Richtung Niederstoll, Ützhausen nach Bad Salzschlirf zurück.

# 32. Zu den Mühlen im Lüdertal

**Streckenverlauf:** Großenlüder – Uffhausen – Kleinlüder – Kleinheiligkreuz – Großenlüder
**Sehenswürdigkeiten:** Pfarrkirche Großenlüder, Waldlehrpfad, Wallfahrtskirche Kleinheiligkreuz

**Tourenlänge:** 26 km
**Höhenunterschied:** max. 150 m
**Schwierigkeitsgrad:** mittelschwer
**Kartenmaterial:** Top. Karte Herbstein 1:50000

Wir starten unsere Tour auf dem Parkplatz des St.-Georg-Hauses gegenüber der Kirche und biegen links auf die B 254 ein, der wir bis zum Amtsgericht mit einem schönen Renaissanceportal aus dem Jahre 1687 folgen. Rechts ab über die Bahnhofstraße und Friedensstraße, vorbei an der Gemeindeverwaltung, kreuzen wir die Sudetenstraße und folgen dem Radweg in Richtung Bimbach. Nach ca. 2 km erreichen wir die Wiesenmühle und setzen hier unseren Weg geradeaus in Richtung Forsthaus Bimbach fort. 200 Meter hinter dem Forsthaus halten wir uns links an ei-

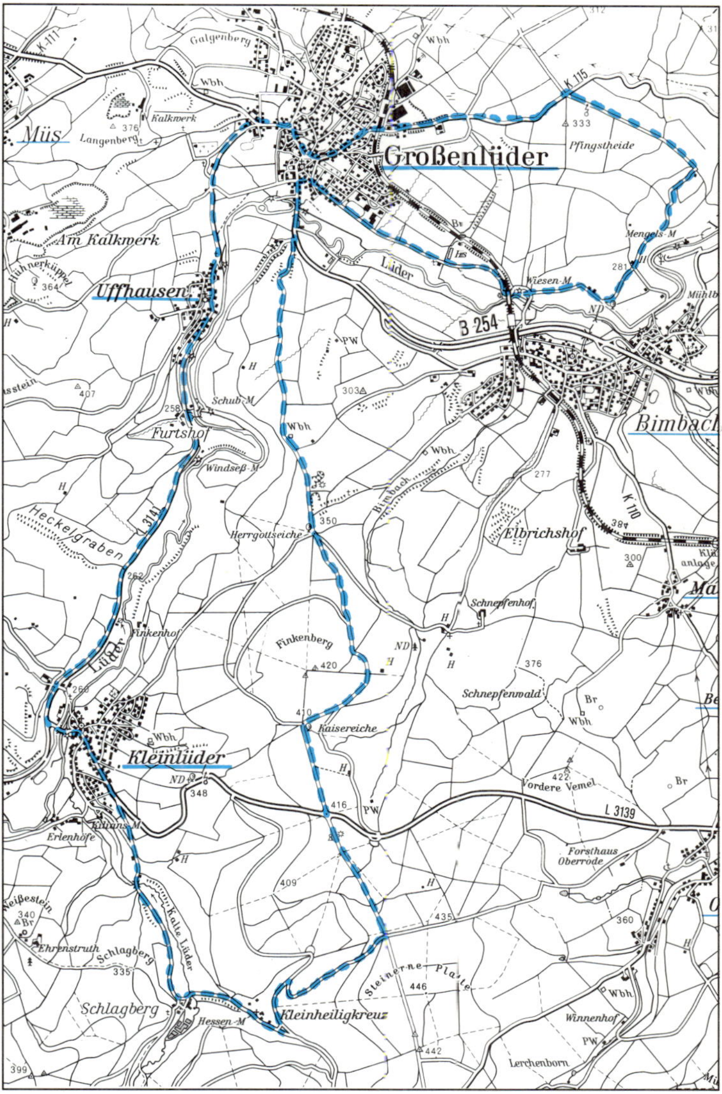


nen Waldweg und treffen nach einigen 100 m auf ein nachgebautes Hügelgrab. Der archäologische Waldlehrpfad, der hier angelegt wurde, lädt zu einer kurzen Rast ein. Nach 400 m er-

reichen wir eine Kreuzung, halten uns links und erreichen über den Waldspielplatz die Landesstraße Großenlüder–Lütterz. Ihr folgen wir zurück nach Großenlüder. Über die Bergstraße und Schlitzer Straße biegen wir links in die Landesstraße nach Uffhausen ein. Hier besteht die Möglichkeit, eine der drei noch in Betrieb befindlichen Mühlen nach Absprache mit den Eigentümern zu besichtigen.

Über Kleinlüder und die „Hessenmühle", ein beliebtes Ausflugsziel, erreichen wir die Wallfahrtskapelle „Kleinheiligkreuz". 400 m hinter der Kapelle biegen wir auf dem Waldweg links ab, und nach weiteren 300 m gelangen wir rechts auf den europäischen Fernwanderweg. Wir fahren auf dem stark ansteigenden Weg, der mit einem blauen Kreuz auf weißem Grund gekennzeichnet ist, etwa 2 km und biegen dann nach links auf einen geteerten Waldweg ein, dem wir durch den Gieseler Forst bis zum St.-Georg-Haus, unserem Ausgangspunkt, folgen.

RHÖN IST SCHÖNHEIT
RHÖN SPRUDEL
MINERALBRUNNEN
SEIT 1781
RHÖNSPRUDEL.
AUSSEN WASSER,
INNEN REICH.

# 33. Zum Vogelsberger Horst

**Streckenverlauf:** Hosenfeld – Jossa – Nieder-Moos – Reichlos – Brandlos – Hosenfeld
**Sehenswürdigkeit:** Schlingenkapelle bei Jossa
**Tourenlänge:** ca. 26 km
**Höhenunterschied:** max. 150 m
**Schwierigkeitsgrad:** mittelschwer
**Kartenmaterial:** Top. Karte Herbstein 1:50000

Wir verlassen Hosenfeld in südlicher Richtung und kommen durch Poppenrod, vorbei an der Schlingenkapelle, nach Jossa. Dort zweigen wir von der Hauptstraße ab und fahren über Metzlos nach Nieder-Moos und zum Nieder-Mooser See, einem beliebten Ausflugsziel.
Weiter führt die Fahrt durch Gunzenau. Ein kleiner Abstecher zum höchsten Punkt des östlichen Vogelsberges, dem „Horst" mit 552 m, bietet eine schöne Rundumaussicht. Über Reichlos kommen wir über die alte Höhenstraße „Antsanvia" nach Brandlos und von dort wieder zu unserem Ausgangspunkt Hosenfeld zurück.

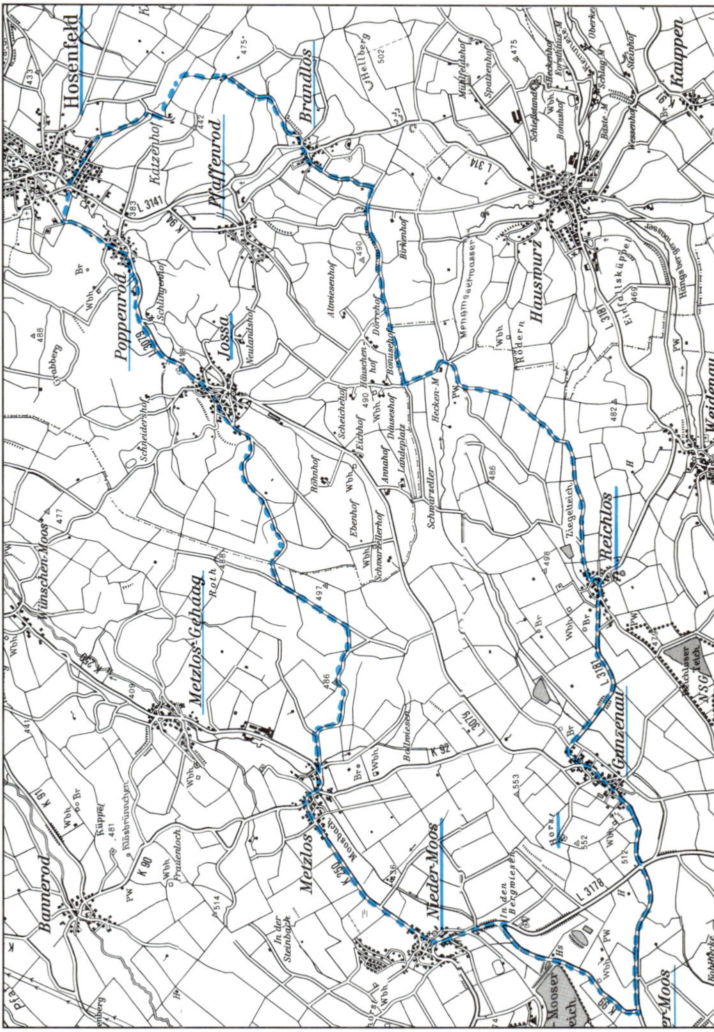

Hosenfeld
Brandlos
Pfaffenrod
Katzenhof
Poppenrod
Jossa
Neulandshof
Hauswurz
Kauppen
Weidenau
Reichlos
Ziegelteich
Ganzenau
Metzlos-Gehaag
Wünschen-Moos
Metzlos
Nieder-Moos
Bannerod
Schwarzeller
Schneidershof
Birkenhof
Altwiesenhof
Röhnhof
Ebenhof
Eichhof
Scheichehof
Annahof
Landeplatz
Menmgesgroasser
L 3141
L 3079
L 3181
L 3178
K 92
K 90

# 34. Durch den Gieseler Forst

| | |
|---|---|
| **Streckenverlauf:** Giesel (Parkplatz Sieberzheiligen) – Istergiesel – Winnenhof – Giesel | **Schwierigkeitsgrad:** mittelschwer |
| **Tourenlänge:** ca. 28 km | **Kartenmaterial:** Top. Karte Herbstein 1:50000 |
| **Höhenunterschied:** max. 150 m | |

Radfahrer, die eine Tour durch den Wald bevorzugen, sollten unserem Vorschlag durch den Gieseler Forst, das größte zusammenhängende Waldgebiet im Landkreis Fulda, folgen. Beginn unserer Rundfahrt ist der Parkplatz Sieberzheiligen an der Landesstraße zwischen Giesel und Hosenfeld.
Am Wasserhochbehälter vorbei führt uns der Weg leicht ansteigend auf den Kohlweg. Vorbei an der ehemaligen Sandgrube und dem Depot der amerikanischen Streitkräfte kommen wir am „Kohldenkmal" rechts des Weges vorüber.
Über den „Tanzplatz", eine Wegegabelung, erreichen wir die „Thomasruh" an der Kreuzung mit der Landesstraße Giesel–Neuhof. Leicht abfallend führt uns die Route an den Erhebungen der Schmittskuppe und des Henneköpfchens entlang zum Forsthaus und weiter durch den Ort Istergiesel. Über die Dorfstraße dieses Ortes treffen wir auf die Landesstraße, die wir ca. 100 m nach links Richtung Giesel fahren, um der kurz ansteigenden Straße rechter Hand auf die Niederröder Höhe zu folgen.
Unmittelbar vor der Niederröder Höhe führt links von der Straße ein Wirtschaftsweg über eine Brücke, die die Landesstraße zwischen Giesel und Fulda überspannt. Diesem Feldweg folgen wir noch ca. 200 m, um uns dann nach links ansteigend an dem Waldrand zu orientieren. Dort angekommen, haben wir einen wunderbaren Rundblick über den Fuldaer Talkessel. Dem Weg folgen wir nun ständig dem Waldrand entlang bis zum Oberro-

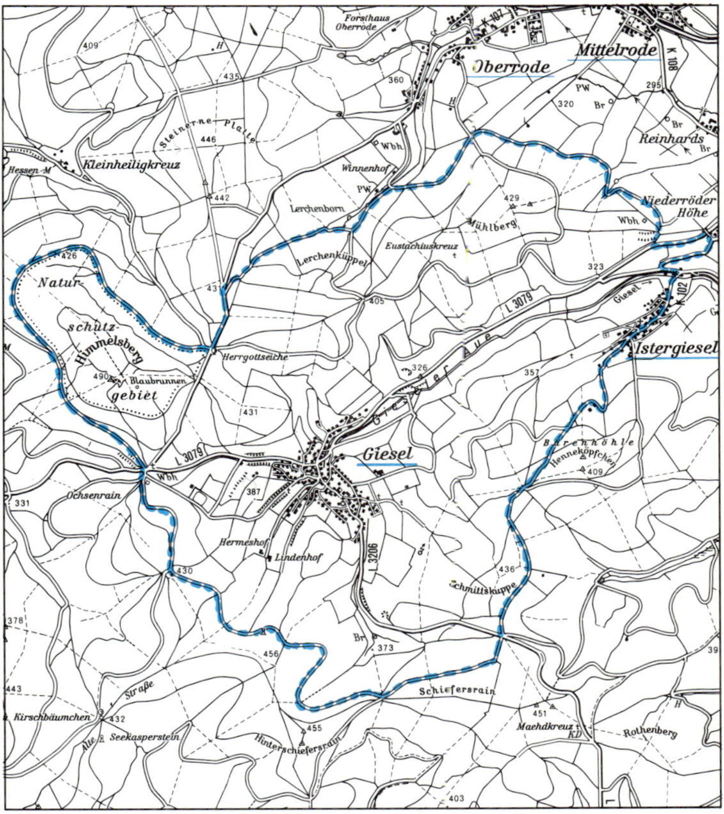


der Sportplatz. Hier kreuzen wir den von Oberrode kommenden Weg in Richtung Winnenhof. Von da führt uns die Route weiter zum Lerchenborn. Nach einem kurzen Anstieg kommen wir auf den Martinsweg zwischen Giesel und Großenlüder. Dieser führt leicht abfallend zur Herrgottseiche.

Hier verlassen wir nun den teilweise geteerten Weg nach rechts auf den Himmelsbergrundweg, wir müssen uns hier dann leicht nach links halten, um nicht den stark abfallenden Weg Richtung Kleinheiligkreuz zu nehmen.

Immer nach links weisend führt uns der Weg rund um das Naturschutzgebiet Himmelsberg mit seinen seltenen Pflanzen und dem stillgelegten Braunkohlebergwerk direkt über die Kreuzung der Landesstraße Giesel–Hosenfeld zu unserem Ausgangspunkt Parkplatz Sieberzheiligen zurück.

# 35. Ein Ausflug in das Königreich Flieden

**Streckenverlauf:** Flieden – Rommerz – Hauswurz – Buchenrod – Magdlos – Federwisch – Döngesmühle – Flieden
**(Zusatzstrecke:** Rückers – Naherholungsgebiet Steinkammer)
**Sehenswürdigkeiten:**
Barockkirche Flieden, Pfarrkirche Rückers
**Tourenlänge:** 26 km
**Höhenunterschied:** max. 190 m
**Schwierigkeitsgrad:** mittelschwer
**Kartenmaterial:** Top. Freizeitkarte Vogelsberg 1:50000

Wir starten in Flieden am Rathaus und fahren über die Hauptstraße zur Pfarrkirche St. Goar (Barockkirche). Hier biegen wir nach links in die Zentstraße (K 96) ein und radeln in Richtung Rommerz. Auf der Höhe haben wir einen herrlichen Blick auf das Panorama der Hochrhön. Geradeaus vor uns erhebt sich die Halde des Kalibergwerkes Neuhof. Vorbei an den Diebornweihern und einem Bildstock geht es dann abwärts nach Rommerz. Dort kommen wir auf die Landesstraße 3181 und fahren auf dieser nach Hauswurz. Links der Landesstraße befindet sich das Kemmetetal mit seinen vielen Mühlen. Wer ein geländegängiges Rad besitzt, kann auch auf den Feldwegen direkt im Kemmetetal bis nach Hauswurz fahren.

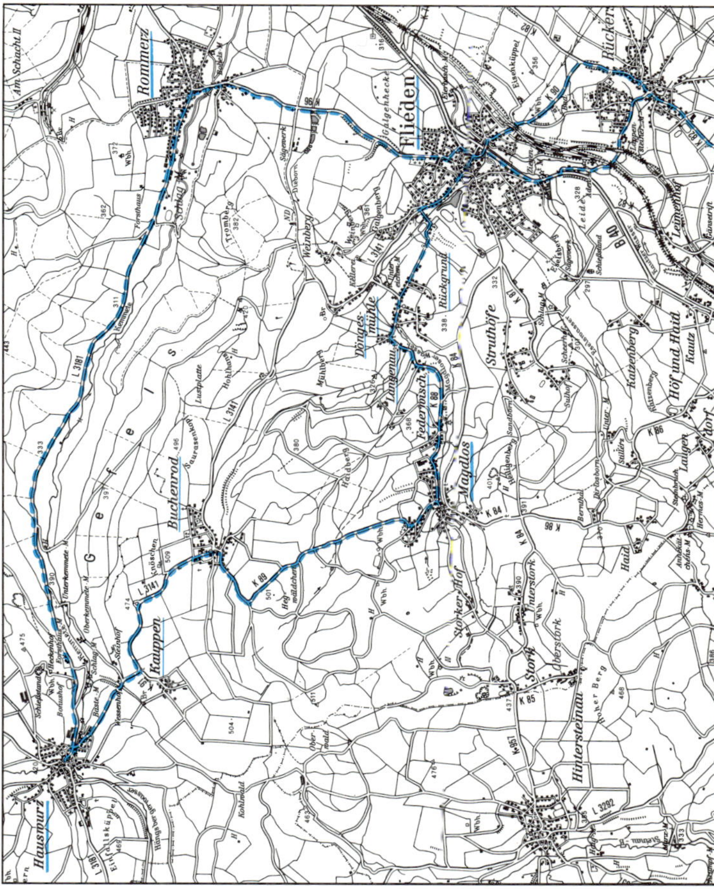


In Hauswurz biegen wir nach links auf die Landesstraße 3141 und radeln nach Buchenrod. Auf der Höhe kurz vor Buchenrod haben wir den höchsten Punkt unserer Tour erreicht. Von hier haben wir eine herrliche Rundumsicht auf die Rhön, den Vogelsberg und den hessischen Landrücken.

Von Buchenrod geht es in Richtung Flieden. Kurz vor dem Ortsausgang können wir über die Straße „An der Grotte" einen Abstecher zur Mariengrotte machen. Über die Kreisstraße 89 gelangt man durch einen Wald Richtung Magdlos. Von hier fahren wir über die Kreisstraße 88 durch Federwisch und Berishof nach Döngesmühle. Kurz hinter der Kirche biegen wir nach rechts ab und fahren vorbei an einem Holzbildstock bis zum Sportlerheim. Von dort geht es zum Ruder- und Paddelteich. Auf dem Radweg entlang des Magdloser Wassers gelangt man zum Ausgangspunkt zurück.

Wer noch genügend Kräfte hat, der setzt seine Fahrt nach Rückers fort. Über die Bornmühle, die Magdloser Straße und Schlüchterner Straße erreichen wir die Bundesstraße 40, bleiben aber rechts davon auf dem Seitenweg und fahren durch eine Unterführung auf die andere Seite der B 40. Vorbei an der Ziegelmühle kommen wir wieder auf die Landesstraße 3141; vorbei an der Adenmühle und der Lappensteiner Mühle kommen wir nach Rückers, wo sich eine Rast am Naherholungsgebiet Steinkammer anbietet, das in Richtung Keutzelbuch zu erreichen ist. Hier befindet sich ein Grillplatz mit einer Schutzhütte, und man hat einen herrlichen Ausblick auf Rhön, Vogelsberg und Spessart. Wieder zur Ortsmitte zurück, radeln wir über die Kreisstraße 82 in Richtung Schweben. Ca. 200 m nach dem Ortsausgang geht es wieder links ab auf der Kreisstraße 90 in Richtung Flieden. Wir kommen zum Schwimmbad Landrücken. Wer Lust hat, kann während der Badesaison dort eine Abkühlung nehmen, ehe er weiter nach Flieden fährt. In Flieden kommen wir auf die Bahnhofstraße und fahren, uns immer links haltend, über die Hauptstraße zu unserem Ausgangspunkt.

RC 03 ILBENSTADT
BÜRGIN

# 36. Durch das Kalbachtal

**Tourenlänge:** 12 km
**Höhenunterschied:** 110 m
**Schwierigkeitsgrad:** mittelschwer
**Kartenmaterial:** Top. Freizeitkarte Rhön 1:50000

Von Mittelkalbach geht es zunächst die Gemeindestraße Am Gründchen ortsauswärts auf einem geteerten Weg am Aussiedlerhof in Dotzerod vorbei zum Grashof. Hier kann im Landgasthof oder am Naturparkplatz eine Rast eingelegt werden.
Vom Grashof fahren wir am Campingplatz vorbei Richtung Schweben/Rückers, wenden uns nach Erreichen der Straße nach links und fahren die Straße bis zur Abzweigung Bucheller. Hier biegen wir links ab auf die Kreisstraße bis zum Wasserwerk, wo es rechts den geteerten Wirtschaftsweg am Hochbehälter vorbeigeht. Am Ende des Wirtschaftsweges erreichen wir die Kreisstraße 77 (Mittelkalbach-Veitsteinbach). Hier fahren wir bergab bis zur Abzweigung Hommelmühle, von dort wieder links an der Leidemühle vorbei zur Mühlhansemühle. Wir sind jetzt im Kalbachtal. Unser Weg führt durch das Anwesen der Mühlhansemühle, dann links unterhalb der Landesstraße (Neuhof-Oberkalbach) Richtung Mittelkalbach. Am Ortsanfang queren wir die Landesstraße und fahren den Mühlenweg bis zur Hauptstraße. Von hier nehmen wir den Weinfeldweg Richtung Friedhof und fahren den Wirtschaftsweg am Friedhof vorbei, Richtung Niederkalbach. Am Gewerbegebiet biegen wir links auf die Gewerbestraße ein und erreichen am Ende der Straße auf dem Rad-/Gehweg unter der Landesstraße hindurch wieder die Ortsmitte von Mittelkalbach.

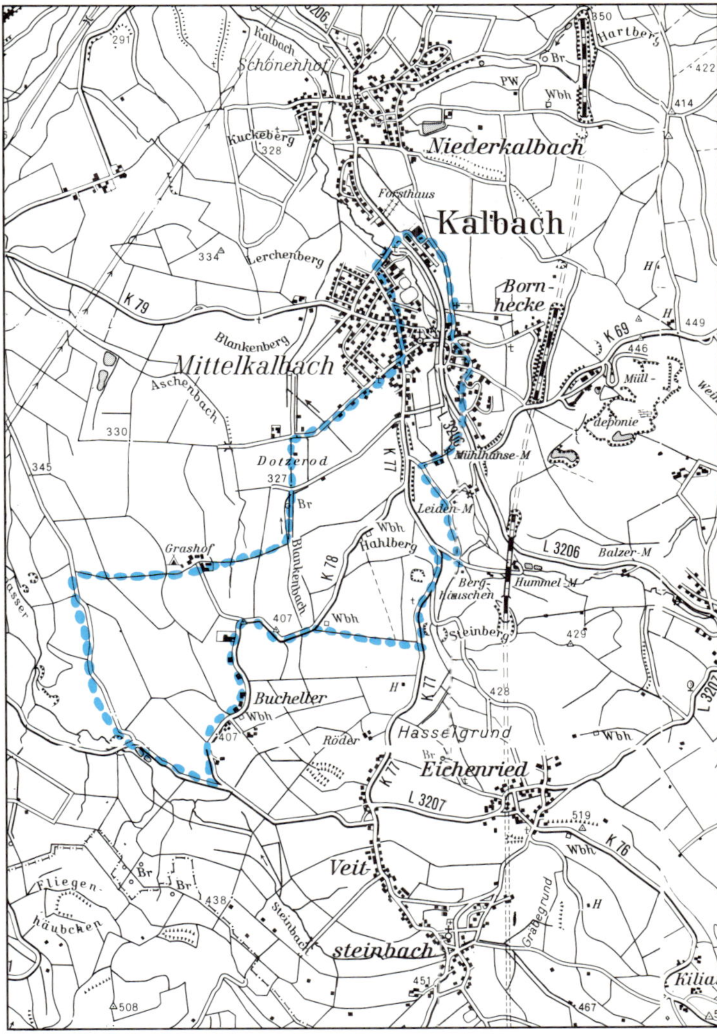
Kalbach
Schönenhof
Kuckeberg
328
291
350
Hartberg
422
414
Br
PW
Wbh
Niederkalbach
Forsthaus
Kalbach
334
Lerchenberg
Born-
hecke
K 79
K 69
449
446
Müll-
deponie
Blankenberg
Mittelkalbach
Aschenbach
330
345
Dotzerod
327
Br
K 77
Mühlhanse-M
Leiden-M
Wbh
Hahlberg
Grashof
Blankenbach
K 78
L 3206
Balzer-M
Berg-
häuschen
Hummel-M
407
Wbh
Steinberg
429
Bucheller
Wbh
407
H
K 77
428
Hasselgrund
Röder
Wbh
Br
Eichenried
K 77
L 3207
519
Wbh
K 76
L 3207
Veit-
steinbach
Gräbegrund
H
Fliegen-
häubchen
Br
Br
438
Steinbach
451
508
467
Kilian

# 37. Fünf-Täler-Rundfahrt

**Streckenverlauf:** Eichenzell – Kerzell – Rothemann – Thalau – Lütter – Eichenzell
**Streckenlänge:** ca. 12,5 km
**Höhenunterschied:** ca. 90 m
**Schwierigkeitsgrad:** leicht
**Kartenmaterial:** Top. Freizeitkarte Rhön 1:50000

Vom Eichenzeller Sportgelände geht es durch das Fuldatal auf dem Radweg (E) nach Löschenrod. In der Ortsmitte stoßen wir

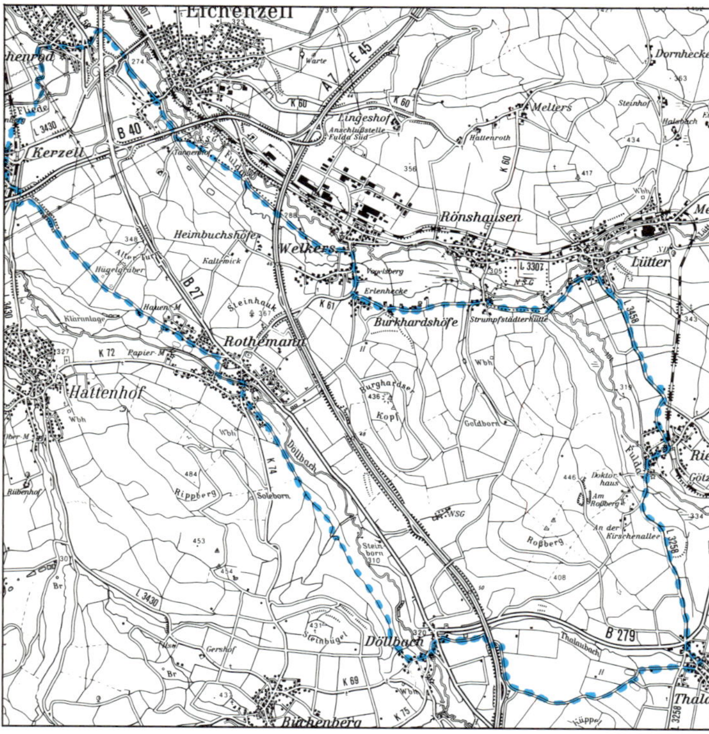

auf das mittelalterliche Wehrkirchlein und biegen nach links ab ins Tal der Fliede.
Bald überqueren wir auf einer Brücke die Bahnlinie Fulda–Frankfurt und gelangen nach Kerzell mit seinem ortstypischen kleinen Dorfplatz. Wir fahren ein kurzes Stück weiter auf der Landstraße Richtung Hattenhof und biegen dann nach links ab auf die verkehrsarme alte Straßenverbindung nach Rothemann durchs Döllbachtal. In dem Wald, den wir nun durchqueren, liegen versteckt Hügelgräber und Reste eines mittelalterlichen Signalturmes. An der Haumühle vorbei erreichen wir jetzt Rothemann mit seinem einladenden Freizeitgelände.
Am Bürgerhaus vorbei fahren wir am Fuße des bewaldeten Rippberges (485 m) durch das liebliche Tal des Döllbachs in den Ort gleichen Namens. Das reizvolle Dörfchen hat einiges zu bieten: die alte Odilienkapelle, früher Wallfahrtsziel, eine Steinplastik der hl. Odilia, dem wohl ältesten Kunstwerk seiner Art im deutschsprachigen Raum, und die Odilienquelle; außerdem dreht sich hier noch ein hölzernes Mühlrad.
Von Döllbach geht es weiter durch die Aue des Thalaubaches nach Thalau. Hier überqueren wir die B 279 (Ampel) und fahren auf der ruhigen Straße nach Ried. Von hier geht es durchs Fuldatal mit seinen Naturschutzzonen abwärts nach Lütter.
In der Dorfmitte wechseln wir beim alten Backhaus über die Lütter und fahren auf der anderen Talseite durch die naturgeschützte Fulda-Aue über Strumpfstätterhütte und Burkhardshöfe nach Welkers. An der Kirche geht es links ab, vorbei am Sportgelände mit wunderschönem Abenteuerspielplatz in reiner Holzbauweise, auf dem gepflasterten Radweg weiter durchs Fuldatal zurück nach Eichenzell.

# 38. Mehrtagestour durch die hessische Rhön

**Streckenverlauf:** Fulda – 21 km – Thalau – 10 km – Gersfeld – 8 km – Poppenhausen – 28 km – Wüstensachsen – 8 km – Hilders – 10 km – Tann – 14 km – Hofbieber – 19 km – Rasdorf – 13 km – Eiterfeld – 15 km – Burghaun – 22 km – Fulda
**Tourenlänge:** 168 km
**Schwierigkeitsgrad:** schwer

Für Radwanderer, die die hessische Rhön eingehend kennenlernen möchten, haben wir nachfolgende Route zusammengestellt. Gute Kondition ist dabei gefordert, da der Weg auch durch Bereiche der Hochrhön führt und hier mit erheblichen Steigungen zu rechnen ist. Viele Sehenswürdigkeiten der Rhön sowie die malerischen Ferienorte liegen entlang der Rundfahrt. Nähere Informationen gibt es bei den örtlichen Verkehrsämtern oder in der umfangreichen Literatur.
Die Route wurde durch Aneinanderreihung der im vorderen Teil der Broschüre beschriebenen Radtouren erstellt, so daß dort der nähere Verlauf der Teilstrecken ersichtlich ist.
In Klammern finden Sie die Nummer der jeweiligen Radtour. Zur besseren Orientierung empfehlen wir, die Freizeitkarte „Naturpark Rhön – Nordblatt" vom Hess. Landesvermessungsamt zur Hand zu nehmen. Ihre Tagesetappen können Sie individuell mit Hilfe der angegebenen Kilometer zusammenstellen.
Ausgangspunkt unserer Radtour ist der Bahnhof Fulda, wo die Deutsche Bundesbahn Fahrräder bereithält. Auf den innerstädtischen Radwegen folgen wir der Beschilderung nach Künzell (Nr. 10). Über Wissels und Dirlos führt unser Weg nach Dietershausen (Nr. 9). Hier biegen wir rechts ab und folgen der Landesstraße 3258 über Weyhers, den Weikards- und Ritzelhof nach Ried und gelangen dann in den Erholungsort Thalau (Nr. 8). Ein langgezogener Anstieg über die Kreisstraße 70 führt

uns auf die Höhe von Frauenholz. Ein herrlicher Blick auf das Wasserkuppenpanorama entschädigt uns für die mühevolle Auffahrt.
Untergichenbach und die Pulvermühle sind die nächsten Stationen im malerischen Gichenbachtal, dem wir auf der Kreisstraße 66 bis Rommers entlang radeln (Nr. 7). Wir bleiben auf der gleichen Straße und erreichen nach einigen Kilometern Gersfeld, die heimliche Hauptstadt der Rhön. Ein weiterer steiler Anstieg bringt uns nach Schachen und weiter über die Kreisstraße 41

nach Schwarzerden. Von hier lohnt sich ein Abstecher zum Guckaisee.
Die nächsten Kilometer bis Poppenhausen können wir die Räder auf abschüssiger Strecke rollen lassen.
Wir verlassen Poppenhausen (Nr. 6) in westlicher Richtung auf der Landesstraße 3307 und biegen nach einigen hundert Metern rechts nach Öttersbach ab, überqueren dann die Bundesstraße 458, passieren die Steinwand, einen reizvollen Naturklettergarten, und erreichen über das Fuldaer Haus und die Enzianhütte Dietges (Nr. 3). Parallel zur Bundesstraße 458 radeln wir vorbei an Brand. Hier müssen wir uns entscheiden, ob wir den steilen Weg über die Wasserkuppe (950 m), den höchsten Berg der Rhön, nehmen, um nach Wüstensachsen zu fahren, oder die Strecke über Reulbach wählen (Nr. 4). Ab Wüstensachsen folgen wir dem Ulstertal über Hilders bis nach Tann (Nr. 1). Bis Lahrbach fahren wir auf gleichem Weg zurück, um hier dann rechts ab einen steilen Anstieg nach Habel hinaufzuradeln. Dann umfahren wir den Boxberg nach Obernüst (Nr. 2). Von hier geht es in Richtung Hofbieber (Nr. 11) und dann nach Norden durch das Nässetal bis Rimmels. Dort folgen wir rechter Hand dem Nüsttal bis nach Morles (Nr. 13), überqueren die Landesstraße 3176 und erreichen Hofaschenbach (Nr. 12). Nun geht es in nördlicher Richtung nach Haselstein und weiter nach Rasdorf.
Grüsselbach, Soisdorf und Schloß Fürsteneck sind die nächsten Stationen auf dem Weg nach Eiterfeld. Die Landesstraße 3170 führt uns in Richtung Giesenhain, und auf der Kreisstraße 148 fahren wir weiter nach Steinbach. Hier biegen wir rechts ab und rollen stetig bergab zur Sennhütte. Auf ebener Straße entlang der alten, wenig befahrenen Bundesstraße 27 geht es in südlicher Richtung nach Burghaun und über Gruben und Sargenzell zur Naherholungsanlage Praforst (Nr. 17).
In Rückers überqueren wir die Bundesstraße 27 und folgen entlang des Haunestausees dem Hauneweg bis Steinau. In Lehnerz erreichen wir wieder das Fuldaer Stadtgebiet und unseren Ausgangspunkt, den Bahnhof in Fulda.

# 39. Auf Entdeckungsreise durch die Rhön (Mehrtagestour)

**Streckenverlauf:** Fulda – 20 km – Ebersburg/Schmalnau – 10 km – Gersfeld – 11 km – Bischofsheim – 8 km – Kreuzberg – 7 km – Wildflecken – 11 km – Langenleiten – 10 km – Burkardroth – 9 km – Oberthulba – 11 km – Bad Kissingen – 10 km – Bad Bocklet – 20 km – Bad Neustadt – 15 km – Mellrichstadt – 8 km – Ostheim – 10 km – Schmalkalden – 15 km – Bad Salzungen – 15 km – Dermbach – 17 km – Tann – 10 km – Hilders – 12 km – Schwarzes Moor – 11 km – Wüstensachsen – 6 km – Wasserkuppe – 7 km – Poppenhausen – 8 km – Kleinsassen/Milseburg – 4 km – Langenbieber – 16 km – Petersberg – 2 km – Fulda
**Tourenlänge:** ca. 340 km
**Schwierigkeitsgrad:** schwer

Für Radwanderer, die die hessische, bayerische und thüringische Rhön auf einer mehrtägigen Entdeckungstour kennenlernen möchten, haben wir eine Routenführung zusammengestellt, die zu den Höhepunkten dieses reizvollen Mittelgebirges führt.
Naturgemäß bietet sich eine solche Tour vor allem für geübte Radfahrer an, da besonders im Bereich der Hohen Rhön beachtliche Steigungen auftreten. Die Routenführung erfolgt in Anlehnung an die ADFC-Radtourenkarte „Rhön/Thüringen", die im Buchhandel erhältlich ist, wobei hier weitestgehend die als Hauptrouten markierten Wege berücksichtigt wurden.
Ausgangspunkt unserer Rhönrundfahrt ist die Barockstadt Fulda. Von hier folgen wir in südöstlicher Richtung dem malerischen Fulda- und Gichenbachtal über Ebersburg nach Gersfeld. In dem Kneippheilbad laden der schöne Kurpark und der idyllisch gelegene Hochwildschutzpark zu einem Spaziergang ein.

Nun geht es über Mosbach ein Stück hinauf zur Hohen Rhön und dann über die B 278 wieder hinunter nach Bischofsheim, das für seine Holzschnitzschule bekannt ist. Von hier ist es nicht weit bis zum südlich gelegenen Kreuzberg, der mit 928 m der zweithöchste Berg der Rhön ist. Bei einem Schluck dunklem Klosterbier kann man sich von den Strapazen des Aufstiegs erholen. (Achtung: Auf der B 278 sowie zwischen Bischofsheim und Kreuzberg ist mit erhöhtem Verkehrsaufkommen zu rechnen.)
Den Kreuzberg wieder hinab geht es über Wildflecken, Langenleiten, Burkardroth und Oberthulba nach Bad Kissingen. Hier lohnt sich ein Bummel durch die Kuranlagen und die Fußgängerzone.
Der Fränkischen Saale entlang geht es nun auf dem Saaletal-Radwanderweg nach Bad Bocklet. Bei Niederlauer treffen wir auf den Main-Werra-Radweg, dem wir nach Bad Neustadt folgen. Auch hier sollten wir uns Zeit für einen Spaziergang durch die Innenstadt nehmen.
In nördlicher Richtung, der Streu entlang, erreichen wir Mellrichstadt, wo wir einen Blick in die kath. Stadtpfarrkirche werfen können. Nun folgen wir dem Lauf der Streu nach Ostheim v. d. Rhön. Hier sollte man es nicht versäumen, die größte Kirchenburganlage Deutschlands zu besichtigen, die das malerische Ortsbild prägt. Dem Streutalweg folgen wir weiter bis nach Fladungen, wo das Freilandmuseum und das Rhönmuseum auf einen Besuch warten.
Von Fladungen führt uns der Weg nach Osten über Helmershausen, Bettenhausen und Herpf in die thüringische Kreisstadt Meiningen. Meiningen hat eine Reihe historischer Bauwerke aufzuweisen, u. a. das Meininger Theater und das Barockschloß Elisabethenburg. Nun radeln wir erneut auf dem Main-Werra-Radweg bis nach Wernshausen. Hier empfiehlt sich ein Abstecher nach Schmalkalden mit seinem z. T. gut erhaltenen mittelalterlichen Altstadtkern und dem regionalgeschichtlichen Museum.
Zurück zum Main-Werra-Radweg radeln wir nach Bad Salzungen, das auf eine lange Tradition der Salzgewinnung zurück-

blicken kann. Von Bad Salzungen nehmen wir unseren Weg in südwestlicher Richtung nach Dermbach. Der Marktflecken verfügt über eine barocke Kirche, ein Kloster und ein Schloß. Über Zella und Andenhausen erreichen wir das historische Städtchen Tann in der hessischen Rhön. Hier laden das Museumsdorf und das Rhöner Naturmuseum zum Verweilen ein. Im malerischen Ulstertal geht es nun über Hilders, einen anerkannten Luftkurort, nach Seiferts, wo wir links abbiegen zur Hochrhönstraße hinauf. Oben angelangt, lohnt sich ein Rundgang durch das „Schwarze Moor". Nun fahren wir über die Hochrhönstraße, wo wir einen herrlichen Blick über die weite Mattenlandschaft genießen. (Achtung: An Wochenenden ist auf der Hochrhönstraße mit regem Ausflugsverkehr zu rechnen!)
Am Parkplatz „Schornhecke" geht es rechts hinunter nach Ehrenberg-Wüstensachsen, wo man sich im Naturschutzinformationszentrum über Flora und Fauna der Region informieren kann. Nun steigt der Weg über die Bundesstraße 284 zur Wasserkuppe wieder an. (Wollen wir auch das Rote Moor besichtigen, so folgen wir von Wüstensachsen der recht steil ansteigen-

den Bundesstraße 278 Richtung Bischofsheim, bis wir rechter Hand das Naturschutzgebiet erreichen, und kehren nach unserem Rundgang zur Bundesstraße 284 zurück.)

Die Wasserkuppe, der höchste Berg der Rhön (950 m), gilt als Geburtsstätte des Segelflugs. Hier kann man heute Flugsportler aller Art beobachten. Von der Wasserkuppe führt der Weg über Abtsroda nach Poppenhausen, einem malerischen Luftkurort, hinunter. In nördlicher Richtung folgen wir nun dem Weg zur Steinwand, einem reizvollen Naturklettergarten, bis zum Künstlerdorf Kleinsassen, dessen „Kunststation" sich Kunstliebhaber nicht entgehen lassen sollten. Von Kleinsassen aus lohnt sich ein Abstecher zur Milseburg. Vom Gipfel des sagenumwobenen Berges hat man einen phantastischen Rundblick.

Weiter geht der Weg über Schackau nach Langenbieber, wo wir dem Tal der Bieber, am Fuße von Schloß Bieberstein, ein gutes Stück in westlicher Richtung folgen. Über Petersberg gelangen wir zum Ausgangspunkt unserer Tour nach Fulda zurück.

Bei der Vermittlung von Unterkünften sind Ihnen gerne folgende Stellen behilflich:

- FVV Rhön e. V., Wörthstraße 15, 36037 Fulda,
  Tel. (0661) 6006-305
- TI Rhön, Postfach 1830, 97685 Bad Kissingen,
  Tel. (0971) 801120
- TI Rhön, Postfach 1460, 97616 Bad Neustadt,
  Tel. (09771) 94108-9
- TI Meiningen, August-Bebel-Str. 1, 98617 Meiningen,
  Tel. (03693) 82374
- LRA Schmalkalden, Abt. FV, 98574 Schmalkalden,
  Tel. (03683) 82118
- LRA Bad Salzungen, Abt. FV, 36433 Bad Salzungen,
  Tel. (03695) 5111

# Informationen für Radfahrer im Kreis Fulda

## Fahrradgeschäfte/Reparatur:

- Eckbert Kumm, Amand-Ney-Straße 1, 36037 Fulda
- Zweirad-Kern OHG, Kohlhäuser Straße 49, 36043 Fulda
- bike box, Abtstor 11, 36037 Fulda
- Eisen-Diegelmann, Frankfurter Straße 109–119, 36043 Fulda
- Fahr Rad Laden, Horaser Weg 79, 36039 Fulda
- Fahrrad-Keller, Petersberger Straße 59, 36037 Fulda
- Horst Hahner, Radshop, Beethovenstraße 3, 36043 Fulda
- Drahteselklinik Gersfeld, Bahnhofstr. 12, 36129 Gersfeld
- Fahrrad-Fachhandel Lotz, Schlitzer Straße 32, 36137 Großenlüder
- Hohmann Zweiradtechnik, Hauptstraße 26a, 36088 Hünfeld
- Sauerbier GmbH, Hainstraße 6, 36088 Hünfeld
- Radsporthaus Seng, Horwiedener Straße 2, 36100 Petersberg-Stöckels

## Fahrrad-Treffs:

- Radsporthaus Seng, Horwiedener Straße 2, 36100 Petersberg-Stöckels, Tel. (0661) 66505
  mittwochs 18.00 Uhr, sonntags 9.00 Uhr (April – September)
- Fahr Rad Laden, Horaser Weg 79, 36039 Fulda, Tel. (0661) 928820
  dienstags und donnerstags 18.30 Uhr, samstags 14.30 Uhr

- bike box, Abtstor 11, 36037 Fulda, Tel. (0661) 71932 montags und mittwochs 18.30 Uhr (Mountainbiketouren für Anfänger und Fortgeschrittene, Helmpflicht), im Winter samstags 14 Uhr
- ADFC, sonntags, zweiwöchentlich, 14 Uhr

**Fahrradverleihstellen:**

- Tankstelle Strauß, Riedstraße 20, 36364 Bad Salzschlirf
- Elektro-Möller, Fuldaer Straße 35, 36160 Dipperz
- Ferienpark Rhönresidence, Knesheckenweg 2, 36160 Dipperz-Friesenhausen
- Dirk Kruse, Knesheckenweg, 36160 Dipperz-Friesenhausen
- V. Jost, Am Ehrenmal 2, 36132 Eiterfeld
- Eisen-Diegelmann, Frankfurter Straße 109–119, 36043 Fulda
- Fahrrad am Bahnhof, 36037 Fulda, Tel. (0661) 73081
- Drahteselklinik Gersfeld, Bahnhofstraße 12, 36129 Gersfeld
- Jürgen Lotz, Camping und Radsport, Schlitzer Straße 32, 36137 Großenlüder
- Landgasthof „Zur Hessenmühle“, Kleinlüder, 36137 Großenlüder
- O. Reith, Thüringer Straße 2, 36115 Hilders
- Fremdenverkehrsbüro im Haus des Gastes, 36145 Hofbieber
- Karl Sauerbier, Hainstraße 6, 36088 Hünfeld
- Paul Hohmann, Hauptstraße 26, 36088 Hünfeld
- Ernst Ludwig, Appelbergstraße 3, 36088 Hünfeld
- Ludwig Jordan, Kalbachstraße 1, 36088 Hünfeld-Michelsrombach
- Radsporthaus Seng, Horwiedener Straße 2, 36100 Petersberg-Stöckels
- Schlosserei Leubecher, Hauptstraße 42, 36142 Tann

## Hütten und Gaststätten/Biergärten (Auswahl):

- Jägerheim, Fuldaer Straße 70, 36160 Dipperz
- Kneshecke, 36160 Dipperz
- Zur Müllerin, 36157 Ebersburg-Weyhers
- Zur Krone, 36115 Ehrenberg-Seiferts
- Landgasthof Buch, 36124 Eichenzell-Welkers
- Biergarten Ziegel, 36043 Fulda
- Wiesenmühle, Wiesenmühlenstraße 13, 36037 Fulda
- Wirtshaus im Michelsrombacher Wald, 36039 Fulda-Lehnerz
- Zum Stiftskämmerer, Kämmerzeller Straße 10, 36041 Fulda-Kämmerzell
- Hessenmühle, 36137 Großenlüder-Kleinlüder
- Jagdhof am Kleinheiligkreuz, 36137 Großenlüder-Kleinlüder
- Enzian-Hütte, 36115 Hilders-Dietges
- Fohlenweide, 36145 Hofbieber-Langenbieber
- Lothar-Mai-Haus, 36145 Hofbieber-Steens
- Waldgaststätte St. Hubertus, Praforst, 36088 Hünfeld
- Milseburg-Hütte, 36145 Kleinsassen-Milseburg
- Florenberg, 36093 Künzell-Pilgerzell
- Glotzbach, 36100 Petersberg-Horwieden
- Rhönblick, 36100 Petersberg-Steinau
- Fuldaer Haus, Maulkuppe, 36163 Poppenhausen
- Grabenhöfchen, Am Weiherberg, 36163 Poppenhausen
- Guckaisee, 36163 Poppenhausen
- Tränkhof, 36163 Poppenhausen-Tränkhof
- Biergarten Habermehl, Salzschlirfer Straße, 36110 Schlitz

## Jugendherbergen:

- Schirrmannstraße 31, 36041 Fulda
- Kippelbachstraße 7, 36129 Gersfeld
- Haus der Jugend, 36115 Hilders
- Hauptstraße 5, 36115 Hilders-Oberbernhards

## Literatur und Karten:

- Deutsche Radtourenkarte Vogelsberg-Rhön, Haupka-Verlag, Maßstab 1:100000, 11,80 DM
- ADFC-Radtourenkarte Nr. 16 Rhein/Main-Nordhessen, Maßstab 1:150000, 12,80 DM
- ADFC-Radtourenkarte Nr. 17 Rhön-Thüringen, Maßstab 1:150000, 12,80 DM
- Kompass-Radtourenkarte Nr. 139, Fulda-Radweg, Werra-Radweg, Maßstab 1:125000, 8,80 DM
- Naturpark Rhön-Nordblatt (Top. Freizeitkarte), Maßstab 1:50000, Hess. Landesvermessungsamt, 12,80 DM
- Topographische Karte L 5522 – Herbstein, Maßstab 1:50000, 8,80 DM
- Topographische Karte L 5322 – Lauterbach Maßstab 1:50000, 8,80 DM
- Topographische Karte L 5323 – Schlitz Maßstab 1:50000, 8,80 DM

- Kompass-Radwanderführer Rhön-Vogelsberg, 70 Rund- und Streckentouren, 262 Seiten, 24,80 DM
- Rad-Wanderführer Rhön und Vogelsberg, Deutscher Wanderverlag

**Radsportvereine:**

- Radsportclub '77 Bimbach
  gegr. 1977, Leiter: Helmut Sander, Am Blankenauer 19, 36137 Großenlüder-Bimbach, Tel. (06648) 61456
  Schwerpunkte: Breitensport, Einrichtung von Wanderfahrten; Straßenrennmeisterschaften und Wettbewerbe im Bereich Radtouristik; Mountainbikerennen; Ganzjahresprogramm für Hobbyradler
- Radsportfreunde '80 Petersberg
  gegr. 1980, Leiter: Robert Ruhl, Im Dillenroth 9, 36100 Petersberg, Tel. (0661) 602747
  Schwerpunkte: Familiensport; wöchentliche Radtouren, auch Wanderungen
- Radsportverein 04 Merkur Dipperz
  gegr. 1904, Leiter: Paul Manns, Rhönringstraße 7, 36145 Hofbieber, Tel. (06657) 1703
  Schwerpunkte: Radtourensport, auch Motorsport, Volksradfahrwettbewerbe, Ausrichter von Radtouristik-Fahrten („Vorderrhön-Rundfahrt"), Familientouren, Jahresfahrten (z. B. Rhön – Venedig)
- Radsportclub 07 Fulda
  gegr. 1907, Leiter: Peter Musiol, Am Margretenberg 22, 36100 Petersberg, Tel. (0661) 601585
  Schwerpunkte: Rennsport, Mountainbiking, Radwandern; besondere Bemühungen im Bereich der Jugendarbeit; Veranstalter von Touren des Rhön-Special-Cups und der alljährlichen Rennen „Rund um den Dom"
- RC 90 Burghaun, E. Salzmann, Rhönblickstraße 14, 36151 Burghaun, Tel. (06652) 8567

## Radtourenfahrten des Bundes Deutscher Radfahrer e. V.

- Auf zwei Permanentstrecken (Längen: 71 km, 40 km) können Radwanderer von April bis Oktober landschaftlich einmalige Radstrecken des Naturparks Rhön erleben und dabei Punkte sammeln. Auskunft erteilt: Mineral-Brunnen Rhön-Sprudel, 36157 Ebersburg-Weyhers, Tel. (06656) 580.

## Übernachtungsmöglichkeiten:

| | |
|---|---|
| Zeltplätze: | – „Bibertal“, 36145 Hofbieber<br>– „Buchschirm“, „Ziehküppel“, 36115 Hilders<br>– Dalherda, 36129 Gersfeld<br>– Kirchberg, 36169 Rasdorf<br>– Maulkuppe, 36163 Poppenhausen<br>– „Strutt“, 36163 Poppenhausen |
| Campingplätze: | – 36124 Eichenzell-Rothemann<br>– „Hochrhön“, 36129 Gersfeld-Schachen<br>– „Bergwinkel“, 36154 Hosenfeld<br>– „St. Hubertus“, Praforst, 36088 Hünfeld<br>– „Rhönsicht“, 36148 Kalbach-Heubach<br>– „Grashof“, 36148 Kalbach-Mittelkalbach<br>– „Ulstertal“, 36142 Tann-Dippach<br>– „Rhön-Camping-Park“, 36115 Ehrenberg-Wüstensachsen |
| Häuser/Hütten: | – Frankfurter Hütte, Simmelsberg, 36129 Gersfeld<br>– Fuldaer Haus, Maulkuppe, 36163 Poppenhausen<br>– Enzianhütte, 36115 Hilders-Dietges |

## Verhaltensregeln:

Jeder Radfahrer ist mit seinem korrekten Verhalten der beste Botschafter seines Sports.
Die nachstehenden Verhaltensregeln sollen eine gesunde und harmonische Ausübung des Radsports in der Natur ermöglichen:

- Radfahrer (besonders Mountainbiker) benutzen nur bestehende Wege, Straßen oder speziell bezeichnete Mountainbike-Routen.
- Der Biker läßt dem Wanderer in jedem Fall den Vortritt und verhält sich diesem gegenüber korrekt und rücksichtsvoll.
- Der Biker trägt Sorge für Pflanzen und Tiere und fährt nicht querfeldein.
- Der Radfahrer läßt keine Abfälle liegen.
- Der Radfahrer benutzt nur ein technisch einwandfreies Rad.
- Der Biker ist vorsichtig beim Bergabfahren und hinterläßt keine Spuren im Gelände durch Blockierbremsungen.
- Grundsätzlich beachtet der Radfahrer die Regeln der StVO.

# Kritik und Anregungen

für die nächste Auflage des „Fahrradführers für den Kreis Fulda" nehmen wir gerne entgegen. Unsere Anschrift lautet:

Verlag Parzeller GmbH & Co. KG
– Buchverlag –
Peterstor 18/20
36037 Fulda